Guttentagsche Sammlung
Nr. 161 c. Deutscher Reichsgesetze. Nr. 161 c.
Textausgaben mit Anmerkungen

Die Reichsversicherungsordnung

Weitere Änderungen und Ergänzungen

durch die in der Zeit von Mitte 1928 bis Mitte 1929 erlassenen Gesetze und Verordnungen

Bearbeitet von

Dr. Karl Lippmann,

Senatspräsident im Reichsversicherungsamt

Dritter Ergänzungsband

Stand vom 17. Juli 1929.

Berlin und Leipzig 1929

Walter de Gruyter & Co.

vormals G. J. Göschen'sche Verlagshandlung — J. Guttentag, Verlagsbuchhandlung — Georg Reimer — Karl J. Trübner — Veit & Comp.

Vorbemerkung.

Auf dem Gebiete der Krankenversicherung ist durch das Gesetz über Wochenhilfe vom 18. Mai 1929 (RGBl. I Seite 98) der Versicherungsschutz für die Schwangeren erweitert worden. Für die Zeit vor der Entbindung wird ein Wochengeld in Höhe von Dreiviertel des Grundlohns gewährt, solange die Schwangere keine Beschäftigung gegen Entgelt ausübt. Auch die Kassenmitgliedschaft bleibt unter diesen Voraussetzungen aufrechterhalten. In der Invalidenversicherung wurden durch das Gesetz über Leistungen in der Invalidenversicherung vom 12. Juli 1929 (RGBl. I S. 135) die Steigerungsbeträge für die Beitragsmarken der bis zum 30. September 1921 gültigen Lohnklassen erhöht. Durch das gleiche Gesetz wird ab 1. Oktober 1929 Anspruch auf Hinterbliebenenfürsorge auch den Hinterbliebenen solcher Versicherter gewährt, die am 1. Januar 1912 bereits verstorben oder dauernd invalide waren und es bis zu ihrem Tode geblieben sind. Eine erhebliche Ausdehnung der Unfallversicherung ist durch das Dritte Gesetz über Änderungen in der Unfallversicherung vom 20. Dezember 1928 (RGBl. I Seite 405) erfolgt. Nicht nur auf weitere Betriebe, sondern auch auf Tätigkeiten, die nicht wirtschaftlicher Natur sind, ist die Versicherung erstreckt worden. Der Betrieb der Feuerwehren und Betriebe zur Hilfeleistung bei Unglücksfällen, die Tätigkeiten bei einer Lebensrettung, ferner Krankenhäuser, Heil- und Pflegeanstalten, Entbindungsheime und sonstige Kur- und Pflegeanstalten, Einrichtungen und Tätigkeiten in der öffentlichen und freien Wohlfahrtspflege und im Gesundheitsdienste, ferner Laboratorien für naturwissenschaftliche, medizinische oder technische Untersuchungen und Versuche, endlich der Betrieb der Schauspielunternehmungen, Schaustellungen, Musikaufführungen usw. sowie der Lichtspiele und die Rundfunksendebetriebe unterliegen jetzt der Versicherung. Betriebe mit Röntgeneinrichtung gelten als Fabriken. Bei Gast- oder Schankwirtschaften, deren Küchenbetrieb oder deren Betrieb zur Behandlung oder Handhabung der Ware versicherungspflichtig ist, erstreckt sich die Versicherung auch auf das Bedienen der Gäste. Auch der kaufmännische und verwaltende Teil eines Betriebes wird, wenn er den Zwecken des versicherten technischen Betriebes dient und zu ihm in einem dem Zwecke entsprechenden Verhältnis steht, in die Versicherung einbezogen. Durch die Zweite Verordnung über Ausdehnung der Unfallversicherung auf Berufskrankheiten vom 11. Februar 1929 (RGBl. I Seite 27) findet die Versicherung nunmehr auf 22 Berufskrankheiten Anwendung. Von der Versicherung befreit sind Mitglieder geistlicher

Genossenschaften und Schwestern von Diakonissen-Mutterhäusern sowie von gleichartigen jüdischen Mutterhäusern, wenn ihnen nach den Regeln ihrer Gemeinschaft lebenslängliche Versorgung gewährleistet ist. Ebenso sind Beamte öffentlicher Körperschaften oder von Stiftungen und Anstalten des öffentlichen Rechtes, ferner Schwestern vom Roten Kreuz und in Feuerwehrbetrieben beschäftigte Personen versicherungsfrei, wenn ihnen eine der reichsgesetzlichen Unfallversicherung entsprechende Versorgung gewährleistet ist. Die Einbeziehung von Betrieben und Tätigkeiten für die Gesundheits- und Wohlfahrtspflege hat zur Errichtung einer neuen, besonderen Berufsgenossenschaft für Gesundheitsdienst und Wohlfahrtspflege geführt (Verordnung über Träger der Unfallversicherung vom 17. Mai 1929, RGBl. I Seite 104).

Auch auf dem Gebiete des **Verfahrens** hat die neue Gesetzgebung verschiedene Änderungen gebracht. Streitigkeiten zwischen Berufsgenossenschaften und Versicherungsgenossenschaften untereinander oder mit Unternehmern bei Auseinandersetzung über das Vermögen, über die Zuweisung oder Zugehörigkeit eines Betriebes oder versicherter Tätigkeiten, ferner darüber, welche Genossenschaft entschädigungspflichtig ist, und endlich bei dem Verteilungsverfahren werden nicht mehr durch die Versicherungsbehörden, sondern durch **genossenschaftliche Schiedsstellen** entschieden; bei dem alten Verfahren bleibt es nur, wenn streitig ist, welchem Zweige der Unfallversicherung ein Betrieb oder eine Tätigkeit zugehört oder ob die Ansprüche des Berechtigten nach den Vorschriften der gewerblichen, der landwirtschaftlichen oder der See-Unfallversicherung zu beurteilen sind (Abschnitt B Artikel 42 des obenerwähnten Dritten Gesetzes über Änderungen in der Unfallversicherung). Bei Streit über Ansprüche auf Entschädigung wegen einer Berufskrankheit entscheidet in zweiter und letzter Instanz ein besonderer **Senat für Berufskrankheiten** bei dem Reichsversicherungsamt. Dieser Senat besteht aus einem Vorsitzenden, je zwei Vertretern der Arbeitgeber und Arbeitnehmer, einem ständigen Mitglied des Reichsversicherungsamtes und — was als besondere Neuerung hervorzuheben ist — einem Arzte. (§ 13 der oben angeführten Zweiten Verordnung über Ausdehnung der Unfallversicherung auf Berufskrankheiten.)

Endlich ist durch eine Verordnung des RAM. vom 10. Juli 1929 (RGBl. I S. 136) die soziale Versicherung der bei **Reparationsarbeiten** im Ausland beschäftigten Arbeitnehmer geregelt worden. Die deutschen Arbeitnehmer unterliegen den Vorschriften der deutschen Sozialversicherung, sie gelten insoweit als in Deutschland beschäftigt.

Ergänzungen zur Reichsversicherungsordnung.

Erstes Buch.

Zu §§ 27d, 27e.

Erlasse des RVA. über die Genehmigung zur Erwerbung von Grundstücken und zur Errichtung von Gebäuden gemäß den §§ 27d und 27e RVO. v. 31. 10. 28 und 31. 5. 29 (Amtl. Nachr. f. RV. S. 259).

Zu §§ 36, 61.

Änderungen des Verzeichnisses der Versicherungsämter und der Oberversicherungsämter (Bek. des RVA. v. 28. 3. 29, Amtl. Nachr. f. RV. S. 140).

Zu § 115.

Runderlaß des RVA. an die Vorstände sämtlicher dem RVA. unterstellten Versicherungsträger über die Einschränkung von Rechtshilfeersuchen v. 18. 5. 29 (Amtl. Nachr. f. RV. S. 248).

Zu § 135.

Runderlaß des RVA. an die Vorstände sämtlicher Landesversicherungsanstalten v. 22. 6. 28 über die Zustellung von Bescheiden (Zustellung durch einfachen Brief zu vermeiden). — (Amtl. Nachr. f. RV. S. 232.)

Zu § 157.

Bek.en des RM. d. Ausw. und des RAM. über die Genfer Übereinkommen:

a) betreffend die Krankenversicherung der Arbeitnehmer in Gewerbe und Handel und der Hausgehilfen v. 27. 12. 28 (RGBl. 1929 II S. 13, Amtl. Nachr. f. RV. 1929 S. 2);

b) betreffend die Krankenversicherung der Arbeitnehmer in der Landwirtschaft vom 27. 12. 28 (RGBl. 1929 II S. 13, Amtl. Nachr. f. RV. 1929 S. 2);

c) betreffend die Gleichbehandlung einheimischer und ausländischer Arbeitnehmer bei Entschädigung aus Anlaß von Betriebsunfällen v. 27. 12. 28 (RGBl. 1929 II S. 13, Amtl. Nachr. f. RV. 1929, S. 7);

d) betreffend die Entschädigung aus Anlaß von Berufskrankheiten v. 27. 12. 28 (RGBl. 1929 II S. 13, Amtl. Nachr. f. RV. 1929 S. 7);

e) betreffend die Gleichbehandlung einheimischer und ausländischer Arbeitnehmer bei Entschädigung aus Anlaß von Betriebsunfällen v. 2. 3. 1929 (RGBl. II S. 133, Amtl. Nachr. f. RV. S. 105). Rdschr. des RVA. an die Vorstände der der Aufsicht des RVA. unterstellten Berufsgenossenschaften über das Internationale Übereinkommen, betreffend die Gleichbehandlung einheimischer und ausländischer Arbeitnehmer bei Entschädigung aus Anlaß von Betriebsunfällen, v. 21. 2. 1929 (Amtl. Nachr. f. RV. S. 152).

Zweites Buch.

§ 195a. Weibliche Versicherte, die in den letzten zwei Jahren vor der Niederkunft mindestens zehn Monate hindurch, im letzten Jahre vor der Niederkunft aber mindestens sechs Monate hindurch auf Grund der Reichsversicherung oder bei dem Reichsknappschaftsvereine[1] gegen Krankheit versichert gewesen sind, erhalten als Wochenhilfe

1. bei der Entbindung oder bei Schwangerschaftsbeschwerden Hebammenhilfe, Arznei und kleinere Heilmittel sowie, falls es erforderlich wird, ärztliche Behandlung,
2. einen einmaligen Beitrag zu den sonstigen Kosten der Entbindung und bei Schwangerschaftsbeschwerden in Höhe von 10 Reichsmark; findet eine Entbindung nicht statt, so sind als Beitrag zu den Kosten bei Schwangerschaftsbeschwerden 6 Reichsmark zu zahlen,
3.[2] **ein Wochengeld in Höhe des Krankengeldes, jedoch mindestens 50 Reichspfennig täglich, für vier Wochen vor und sechs zusammenhängende Wochen unmittelbar nach der Niederkunft; es beträgt jedoch für die Zeit vor der Entbindung drei Viertel des Grundlohns, solange die Schwangere keine Beschäftigung gegen Entgelt ausübt,**
4. solange sie ihre Neugeborenen stillen, ein Stillgeld in Höhe des halben Krankengeldes, jedoch mindestens fünfundzwanzig Reichspfennig täglich, bis zum Ablauf der zwölften Woche nach der Niederkunft. Der Vorstand kann einen Höchstbetrag für das tägliche Stillgeld festsetzen. Die Satzung oder die oberste Landesbehörde kann bestimmen, daß die Kassen bei Zahlung des Stillgeldes auf den Wert der regelmäßigen Inanspruchnahme von Mutterberatungsstellen, Säuglingsfürsorgestellen oder gleichartigen Einrichtungen hinweisen.

Die Dauer des Wochengeldbezugs vor der Entbindung wird auf zwei weitere Wochen erstreckt, wenn die Schwangere während dieser Zeit keine Beschäftigung gegen Entgelt ausübt und vom Arzt festgestellt wird, daß die Entbindung voraussichtlich innerhalb sechs Wochen stattfinden wird. Irrt sich der Arzt bei der Berechnung des Zeitpunktes der Entbindung, so hat die Schwangere gleichwohl Anspruch auf das Wochengeld von dem in dem ärztlichen Zeugnis angenommenen Zeitpunkt bis zur Entbindung.

Das Wochengeld für die Zeit vor der Entbindung wird jeweils sofort, nicht erst mit dem Tage der Entbindung fällig.

Neben dem Wochengelde[3] wird kein Krankengeld gewährt. Für die Zeit nach der Entbindung, in der die Wöchnerin gegen Entgelt arbeitet, wird nur das halbe Wochengeld gezahlt.

Wechselt die Wöchnerin während der Leistung der Wochenhilfe die Kassenzugehörigkeit, so bleibt die erstverpflichtete Kasse für die weitere Durchführung der Leistung zuständig. § 212 gilt hierbei nicht.

Stirbt eine Wöchnerin bei der Entbindung oder während der Zeit der Unterstützungsberechtigung, so werden die noch verbleibenden Beträge an Wochen- und Stillgeld bis zum satzungsmäßigen Ende der Bezugszeit an denjenigen gezahlt, der für den Unterhalt des Kindes sorgt.

Der Anspruch bleibt beim Vorliegen der übrigen Voraussetzungen auch dann bestehen, wenn die Versicherte wegen ihrer Schwangerschaft innerhalb sechs Wochen vor der Entbindung aus der Versicherung ausgeschieden ist.

[1] Jetzt „Reichsknappschaft", s. § 7 RKG. (RGBl. 1926 I S. 369).

[2] Neufassung des Abs. 1 Nr. 3 durch Art. I § 1 des Ges. über Wochenhilfe v. 18. 5. 29 (RGBl. I S. 98, Amtl. Nachr. f. RV. S. 214), in Kraft seit 1. 6. 29.

[3] Die früher hinter „Wochengelde" folgenden Worte: „für die Zeit nach der Entbindung" sind durch Art. I § 2 des Ges. über Wochenhilfe v. 18. 5. 29 (RGBl. I S. 98, Amtl. Nachr. f. RV. S. 214), in Kraft seit 1. 6. 29, gestrichen worden.

§ 311. Arbeitsunfähige bleiben Mitglieder, solange die Kasse ihnen Leistungen zu gewähren hat. **Das gleiche gilt für Schwangere und Wöchnerinnen, solange sie Anspruch auf Wochen- oder Schwangerengeld haben und nicht gegen Entgelt arbeiten[1].**

[1] Satz 2 hinzugefügt durch Art. I § 3 des Ges. über Wochenhilfe v. 18. 5. 29 (RGBl. I S. 98, Amtl. Nachr. f. RV. S. 214), in Kraft seit 1. 6. 29.

Zu § 368e.

Zulassungsordnung des Reichsausschusses für Ärzte und Krankenkassen v. 14. 11. 28 (Amtl. Nachr. f. RV. S. 401), in Kraft seit 1. 1. 29 (soweit es sich um Maßnahmen zu ihrer Durchführung handelte, mit dem Tage ihrer Verkündung im RABl.).

Vertragsrichtlinien des Reichsausschusses für Ärzte und Krankenkassen v. 14. 11. 28 (Amtl. Nachr. f. RV. S. 409), in Kraft, wie vorher.

Bek. des Reichsausschusses für Ärzte und Krankenkassen v. 14. 11. 28 über Änderung der Richtlinien für wirtschaftliche Arzneiverordnung v. 15. 5. 25 (Amtl. Nachr. f. RV. 1928 S. 401).

Zu § 368k.

Vertragsausschußordnung des Reichsausschusses für Ärzte und Krankenkassen v. 14. 11. 28 (Amtl. Nachr. f. RV. S. 408), in Kraft, wie oben.

Zu § 368p.

Verordnung des RVA. über eine Änderung der Gebührenvorschriften der Reichsschiedsamtsordnung v. 21. 12. 28 (Amtl. Nachr. f. RV. 1929 S. 2), in Kraft seit 1. 1. 29.

Zu § 368s.

Verordnung des RAM. über Änderung der Ausführungsbestimmungen zur Verordnung über Ärzte und Krankenkassen v. 18. 12. 28 (RGBl. I S. 410, Amtl. Nachr. f. RV. S. 400), in Kraft seit 1. 1. 29. — Aufhebung der Art. 1 und Art. 2 Abs. 1, 3 und 5 der Ausführungsbestimmungen.

Zu § 369c.

Bestimmungen des Reichsausschusses für Ärzte und Krankenkassen über die Inanspruchnahme eines nichtzuständigen Arztes bei Bildung von Arztbezirken v. 14. 11. 28 (Amtl. Nachr. f. RV. S. 414), in Kraft seit 1. 1. 29.

Zu § 514.

1. Nachtrag zum Verzeichnis der vom RVA. auf Grund des § 514 Abs. 1 zugelassenen Ersatzkassen (Amtl. Nachr. f. RV. 1928 S. 381).

Drittes Buch.

§ 537. Der Versicherung unterliegen

1. Bergwerke, Salinen, Aufbereitungsanstalten, Steinbrüche, Gräbereien (Gruben),

2. Fabriken, Werften, Hüttenwerke, Apotheken, gewerbliche Brauereien und Gerbereibetriebe,

3. Bauhöfe, Gewerbebetriebe, in denen Bau-, Dekorateur-, Steinhauer-, Schlosser-, Schmiede- oder Brunnenarbeiten ausgeführt werden, ferner Steinzerkleinerungsbetriebe so-

wie Bauarbeiten außerhalb eines gewerbsmäßigen Baubetriebs,

4. das Schornsteinfeger-, das Fensterputzer-, das Fleischergewerbe und der Betrieb von Badeanstalten,

4a[1]. der Betrieb der Feuerwehren und Betriebe zur Hilfeleistung bei Unglücksfällen,

4b[1]. Krankenhäuser, Heil- und Pflegeanstalten, Entbindungsheime und sonstige Anstalten, die Personen zur Kur oder Pflege aufnehmen, ferner Einrichtungen und Tätigkeiten in der öffentlichen und freien Wohlfahrtspflege und im Gesundheitsdienste,

4c[1]. Laboratorien für naturwissenschaftliche, medizinische oder technische Untersuchungen und Versuche,

4d[1]. der Betrieb der Schauspielunternehmungen, Schaustellungen, Vorführungen, Musikaufführungen und von Gesangs- und deklamatorischen Vorträgen, sämtlich ohne Rücksicht auf den Kunstwert der Leistungen, die Lichtspielbetriebe (Herstellung, Vertrieb und Vorführung von Lichtspielstreifen) und die Rundfunksendebetriebe,

5. der gesamte Betrieb der Eisenbahnen und der Post- und Telegraphenverwaltung, die Betriebe der Verwaltung der Reichswehrmacht (Heer und Marine) sowie solche Betriebe der früheren Marine- und Heeresverwaltungen, die auf Zivilverwaltungen des Reichs übergegangen sind,

6. der Binnenschiffahrts-, der Flößerei-, der Prahm- und der Fährbetrieb, das Schiffziehen (Treidelei), die Binnenfischerei, die Fischzucht, die Teichwirtschaft und die Eisgewinnung, wenn sie gewerbsmäßig betrieben oder vom Reiche, einem Lande, einer Gemeinde, einem Gemeindeverband oder einer anderen öffentlichen Körperschaft verwaltet werden, der Baggereibetrieb sowie das Halten von Fahrzeugen auf Binnengewässern,

7. der Fuhrwerksbetrieb, der Speditionsbetrieb, der Fahrbetrieb, der Reittier- und der Stallhaltungsbetrieb, wenn sie gewerbsmäßig betrieben werden, das Halten von anderen Fahrzeugen als Wasserfahrzeugen, wenn sie durch elementare oder tierische Kraft bewegt werden, sowie das Halten von Reittieren,

8. der Speicher-, der Lagerei- und der Kellereibetrieb, wenn sie gewerbsmäßig betrieben werden,

9. der Gewerbebetrieb der Güterpacker, Güterlader, Schaffer, Bracker, Wäger, Messer, Schauer, Stauer,

10. Betriebe zur Beförderung von Personen oder Gütern und Holzfällungsbetriebe, wenn sie mit einem kaufmän-

nischen Unternehmen verbunden sind, das über den Umfang des Kleinbetriebs hinausgeht,

11. unter der gleichen Voraussetzung (Nr. 10) Betriebe zur Behandlung und Handhabung der Ware.

12[1]. **Betriebe zur Bewachung von Betriebs- und Wohnstätten.**

Das Reichsversicherungsamt bestimmt, welche kaufmännischen Unternehmen (Nr. 10 und 11) als Kleinbetriebe der Unfallversicherung nicht unterliegen.

[1] Die Nrn. 4a bis d und Nr. 12 sind durch Abschn. A Art. 1 des Dritten Ges. über Änderungen in der Unfallversicherung v. 20. 12. 28 (RGBl. I S. 405, Amtl. Nachr. f. RV. S. 396) eingefügt worden; in Kraft seit 1. 7. 28, Abschn. B Art. 35 Abs. 1 des Ges. — s. Anhang 1. Vgl. hierzu die Verordnung des RAM. über Träger der Unfallversicherung v. 17. 5. 29 (RGBl. I S. 104, Amtl. Nachr. f. RV. S. 252) — s. Anhang 2; ferner die §§ 627, 627a, 628, 628a, 628b und Abschn. B Art. 37 des Ges. v. 20. 12. 28 (s. Anhang 1).

§ 538. Als Fabriken im Sinne des § 537 Nr. 2 gelten Betriebe, die

1. gewerbsmäßig Gegenstände bearbeiten oder verarbeiten und hierzu mindestens zehn Arbeiter regelmäßig beschäftigen,
2. gewerbsmäßig Sprengstoffe oder explodierende Gegenstände erzeugen oder verarbeiten oder elektrische Kraft erzeugen oder weitergeben,
3. nicht bloß vorübergehend Dampfkessel oder von elementarer oder tierischer Kraft bewegte Triebwerke verwenden,

3a. **Röntgeneinrichtungen verwenden**[1],

4. vom Reichsversicherungsamte den Fabriken gleichgestellt werden[2]).

[1] Nr. 3a eingefügt durch Abschn. A Art. 2 des Dritten Ges. über Änderungen in der Unfallversicherung v. 20. 12. 28 (RGBl. I S. 405, Amtl. Nachr. f. RV. S. 396), in Kraft seit 1. 7. 28.

[2] Durch die Bek. des RVA. vom 17. 9. 28 (Amtl. Nachr. f. RV. S. 330), sind Betriebe, in denen Arbeiten mit Hilfe von Autogen-Apparaten oder unter Verwendung eines brennbaren Gases mit Sauerstoffzusatz ausgeführt werden, ohne Rücksicht auf die Zahl der beschäftigten Arbeiter v. 1. 10. 28 ab den Fabriken im Sinne des § 537 Abs. 1 Nr. 2 gleichgestellt worden.

§ 539a[1]. Wenn bei einer Gast- oder Schankwirtschaft der Küchenbetrieb oder der Betrieb zur Behandlung und Handhabung der Ware nach den §§ 537 bis 539 der Unfallversicherung unterliegt, erstreckt sich die Versicherung auch auf das Bedienen der Gäste.

§ 539b[1]. **Gehört zu einem Unternehmen ein nach den §§ 537 bis 539a versicherter Betrieb, so unterliegt der Versicherung auch der kaufmännische und verwaltende Teil des Unternehmens, soweit er den Zwecken des versicherten Betriebs dient und zu ihm in einem dem Zwecke entsprechenden örtlichen Verhältnis steht.**

[1] Neu eingefügt durch Abschn. A Art. 3 des Dritten Ges. über Änderungen in der Unfallversicherung v. 20. 12. 28 (RGBl. I S. 405, Amtl. Nachr. f. RV. S. 396), in Kraft seit 1. 7. 28.

§ 544. Gegen Unfälle bei Betrieben oder Tätigkeiten, die nach den §§ 537 bis 542 der Versicherung unterliegen (Betriebsunfälle), sind versichert

1. Arbeiter, Gehilfen, Gesellen, Lehrlinge,
2. **Angestellte**[1],

wenn sie in diesen Betrieben oder Tätigkeiten beschäftigt sind.

Verbotwidriges Handeln schließt die Annahme eines Betriebsunfalls nicht aus.

[1] Statt früher „Betriebsbeamte"; geändert durch Abschn. A Art. 4 Abs. 1 des Dritten Ges. über Änderungen in der Unfallversicherung v. 20. 12. 28 (RGBl. I S. 405, Amtl. Nachr. f. RV. S. 396), in Kraft seit 1. 7. 28.

§ 544a[1]. **Hat ein Verein einen Betrieb zur Hilfe bei Feuersnot oder anderen Unglücksfällen, so gelten die in diesem Betriebe tätigen Mitglieder als im Betriebe beschäftigte Arbeiter oder Angestellte, ohne Rücksicht darauf, ob der Verein rechtsfähig ist oder nicht.**

§ 545[1]. **Als Angestellte (§ 544 Abs. 1 Nr. 2) in den nach § 537 Abs. 1 Nr. 4d versicherten Betrieben gelten auch Personen, die zur Schaustellung oder Vorführung artistischer Leistungen vertraglich verpflichtet sind.**

[1] An Stelle des bisherigen § 545 eingefügt durch Abschn. A Art. 4 Abs. 2 des Dritten Ges. über Änderungen in der Unfallversicherung v. 20. 12. 28 (RGBl. I S. 405, Amtl. Nachr. f. RV. S. 396), in Kraft seit 1. 7. 28.

§ 547[1]. **Die Reichsregierung kann durch Verordnung[2] bestimmte Krankheiten als Berufskrankheiten bezeichnen. Auf solche Krankheiten findet die Unfallversicherung Anwendung ohne Rücksicht darauf, ob die Krankheit durch einen Unfall oder durch eine schädigende Einwirkung verursacht ist, die nicht den Tatbestand des Unfalls erfüllt.**

Die Reichsregierung kann die Durchführung der Unfallversicherung bei Berufskrankheiten und Art und Voraussetzung ihrer Entschädigung regeln.

[1] Neufassung durch Abschn. A Art. 5 des Dritten Ges. über Änderungen in der Unfallversicherung v. 20. 12. 28 (RGBl. I S. 405, Amtl. Nachr. f. RV. S. 396), in Kraft seit 1. 7. 28.

[2] Zweite Verordnung über die Ausdehnung der Unfallversicherung auf Berufskrankheiten v. 11. 2. 29 (RGBl. I S. 27, Amtl. Nachr. f. RV. S. 55), in Kraft seit 1. 1. 29; die Verordnung v. 12. 5. 25 (RGBl. I S. 69) ist mit diesem Zeitpunkt außer Kraft gesetzt (§ 11). — Siehe Anhang 4.

Bestimmungen des RVA. auf Grund der §§ 6, 7 und 10 der vorgenannten Verordnung v. 10. 4. 29 (Amtl. Nachr. f. RV. S. 153) — s. Anhang 5.

Rdschr. des RAM. an die Landesregierungen v. 4. 6. 29, betr. die Durchführung der Zweiten Verordnung über Ausdehnung der Unfallversicherung auf Berufskrankheiten v. 11. 2. 29 (Amtl. Nachr. f. RV. S. 254).

§ 553a[1]. Die Vorschriften über die Entschädigung von Betriebsunfällen finden auch Anwendung, wenn jemand, ohne rechtlich dazu verpflichtet zu sein, unter Gefahr für Leben, Körper oder Gesundheit einen anderen aus gegenwärtiger Lebensgefahr rettet oder zu retten unternimmt und dabei einen Unfall erleidet.

[1] Neu eingeführt durch Abschn. A Art. 6 des Dritten Ges. über Änderungen in der Unfallversicherung v. 20. 12. 28 (RGBl. I S. 405, Amtl. Nachr. f. RV. S. 396), in Kraft seit 1. 7. 28.

§ 554. Versicherungsfrei sind

1. Soldaten, die im Falle der Dienstbeschädigung einen Versorgungsanspruch auf Grund des Reichsversorgungsgesetzes (Reichsgesetzbl. 1925 I S. 165)[1] oder des II. Teils des Wehrmachtversorgungsgesetzes (Reichsgesetzbl. 1925 I S. 349) haben,
2. Angehörige der Schutzpolizei im Sinne des § 1 des Reichsgesetzes über die Schutzpolizei der Länder vom 17. Juli 1922 (Reichsgesetzbl. I S. 597),
3. Reichsbeamte und Reichsbahnbeamte, für die § 1 des Unfallfürsorgegesetzes vom 18. Juni 1901 (Reichsgesetzbl. S 211) gilt,
4. Beamte, die mit festem Gehalt und Anspruch auf Ruhegeld in Betriebsverwaltungen eines Landes, eines Gemeindeverbandes oder einer Gemeinde angestellt sind,
5. andere Beamte eines Landes, eines Gemeindeverbandes oder einer Gemeinde, wenn für sie Fürsorge nach § 14 des vorbezeichneten Unfallfürsorgegesetzes getroffen ist.
6[2]. **Mitglieder geistlicher Genossenschaften und Schwestern von Diakonissen-Mutterhäusern sowie von gleichartigen jüdischen Mutterhäusern, wenn ihnen nach den Regeln ihrer Gemeinschaft lebenslängliche Versorgung gewährleistet ist,**
7[2]. **Beamte anderer als der in Nr. 4 und 5 bezeichneten öffentlichen**

Körperschaften oder von Stiftungen und Anstalten des öffentlichen Rechtes, Schwestern vom Roten Kreuz und in Feuerwehrbetrieben beschäftigte Personen, sämtlich, wenn ihnen nach Feststellung der obersten Verwaltungsbehörde eine der reichsgesetzlichen Unfallversicherung entsprechende Versorgung gewährleistet ist.

Bauarbeiten außerhalb eines gewerbsmäßigen Baubetriebs sowie das nicht gewerbsmäßige Halten von Reittieren oder Fahrzeugen (§ 537 Nr. 6, 7) gelten als Betrieb im Sinne des Unfallfürsorgegesetzes.

Scheidet eine verletzte, wegen Versicherungsfreiheit aber aus der Unfallversicherung nicht entschädigte Person im Sinne des Abs. 1 Nr. 6 aus der Gemeinschaft aus, so kann sie für die Zeit nach dem Ausscheiden von der geistlichen Genossenschaft oder dem Mutterhause die Leistungen verlangen, die ihr ohne die Versicherungsfreiheit gegen den Träger der Unfallversicherung zustehen würden[3].

[1] Jetzt: „in der Fassung der Bek. v. 22. 12. 27 (RGBl. I S. 515)."
[2] Im Abs. 1 Nr.n. 6 und 7 eingefügt,
[3] Abs. 3 hinzugefügt
durch Abschn. A Art. 7 des Dritten Ges. über Änderungen in der Unfallversicherung v. 20. 12. 28 (RGBl. I S. 405, Amtl. Nachr. f. RV. S. 396), in Kraft seit 1. 7. 28.

§ 554a[1]. Ein Unfall, den ein Reichsbeamter oder Reichsbahnbeamter bei einer Lebensrettung (§ 553a) erleidet, gilt im Sinne des Unfallfürsorgegesetzes für Beamte und Personen des Soldatenstandes vom 18. Juni 1901 (Reichsgesetzbl. S. 211) als ein bei der Beschäftigung in einem reichsgesetzlich der Unfallversicherung unterliegenden Betrieb im Dienste erlittener Betriebsunfall.

Ein Unfall, den ein Angehöriger der Wehrmacht oder ein Polizeibeamter beim Reichswasserschutze bei einer Lebensrettung (§ 553a) erleidet, gilt als Dienstbeschädigung im Sinne des Reichsversorgungsgesetzes in der Fassung der Bekanntmachung vom 22. Dezember 1927 (Reichsgesetzbl. I S. 515) und des II. Teiles des Wehrmachtversorgungsgesetzes vom 19. September 1925 (Reichsgesetzbl. I S. 349).

Bei diesen Unfällen findet eine Entschädigung nach § 553a nicht statt.

§ 554b[1]. Die oberste Verwaltungsbehörde kann vorschreiben, daß die Vorschriften des Landes, einer Gemeinde oder eines Gemeindeverbandes über die Versorgung bei Dienstunfall oder Dienstbeschädigung der Beamten oder der Angehörigen der Schutzpolizei Anwendung finden, wenn ein Beamter der Körperschaft oder ein Angehöriger der Schutzpolizei bei einer Lebensrettung (§ 553a) einen Unfall erleidet. Dann entfällt die Entschädigung nach § 553a.

Die oberste Verwaltungsbehörde kann ferner vorschreiben, daß bei

solchen Unfällen die auf Grund der Unfallversicherung zu gewährenden Leistungen um den Betrag einer gleichzeitig zu gewährenden Versorgung aus dem Anstellungsverhältnisse zu kürzen sind. Sie regelt dabei das Nähere.

§ 554c[1]. Was die §§ 554a, 554b für Unfälle bei Lebensrettungen vorschreiben, gilt entsprechend für Unfälle bei einem Betriebe zur Hilfeleistung bei Unglücksfällen (§ 537 Abs. 1 Nr. 4a).

[1] §§ 554a bis c neu eingefügt durch Abschn. A Art. 8 des Dritten Ges. über Änderungen in der Unfallversicherung v. 20. 12. 28 (RGBl. I S. 405, Amtl. Nachr. f. RV. S. 396), in Kraft seit 1. 7. 28.

§ 558. Die Genossenschaft hat bei Verletzung zu gewähren
1. Krankenbehandlung,
2. Berufsfürsorge,
3. eine Rente oder Krankengeld, Tagegeld, Familiengeld für die Dauer der Erwerbsunfähigkeit[1].

[1] Streichung der Klammern vor „Tagegeld" und nach „Familiengeld" durch Abschn. A Art. 9 des Dritten Ges. über Änderungen in der Unfallversicherung v. 20. 12. 28 (RGBl. I S. 405, Amtl. Nachr. f. RV. S. 396), in Kraft s. 1. 7. 28.

Zu **§ 558a.**

Verordnung des RAM. über Krankenbehandlung und Berufsfürsorge in der Unfallversicherung v. 14. 11. 28 (RGBl. I S. 387, Amtl. Nachr. f. RV. S. 372), in Kraft seit 1. 12. 28 (§ 36 der Verordnung, vgl. aber auch §§ 37, 38 a. a. O.) — s. Anhang 6.

§ 559. Eine Rente wird nicht gewährt, wenn die nach der Unfallversicherung zu entschädigende Erwerbsunfähigkeit nicht über die dreizehnte Woche hinaus andauert.

Ein Verletzter, dessen Erwerbsunfähigkeit die dreizehnte Woche nicht überdauert, erhält für die Dauer der Arbeitsunfähigkeit Krankengeld aus der Unfallversicherung, wenn und solange er Krankengeld aus der Krankenversicherung nicht beanspruchen kann. Die Vorschriften des § 559d Satz 2 bis 4 gelten entsprechend[1].

[1] Abs. 2 hinzugefügt durch Abschn. A Art. 10 des Dritten Ges. über Änderungen in der Unfallversicherung v. 20. 12. 28 (RGBl. I S. 405, Amtl. Nachr. f. RV. S. 396), in Kraft mit Wirkung v. 1. 1. 29 für Ansprüche auf Krankengeld aus der UV. ohne Rücksicht auf den Zeitpunkt des Unfalls (Abschn. B Art. 35 Abs. 2 des Ges. v. 20. 12. 28 — s. Anhang 1).

§ 569b[1]. Als Jahresarbeitsverdienst gilt bei Versicherten, die im Feuerwehrdienst oder in Betrieben zur Hilfeleistung bei Unglücksfällen beschäftigt sind, ohne daß diese Beschäftigung ihr Beruf ist, sowie bei Lebensrettern das Erwerbseinkommen, das sie in dem Kalenderjahre vor dem Unfall gehabt haben.

War der Verletzte in dem Kalenderjahre vor dem Unfall nicht im Hauptberuf erwerbstätig oder enthält die Berechnung nach Abs. 1 eine unbillige Härte, so wird der Jahresarbeitsverdienst nach billigem Ermessen festgesetzt. Dabei ist seine Erwerbstätigkeit zur Zeit des Unfalls, seine Fähigkeit, Ausbildung und Lebensstellung und, soweit er nicht gegen Entgelt tätig war, eine gleichartige oder vergleichbare Erwerbstätigkeit zu berücksichtigen.

War der Verletzte zur Zeit des Unfalls noch in seiner Berufs- oder Schulausbildung begriffen, so ist für die Berechnung des Jahresarbeitsverdienstes ein Erwerbseinkommen zugrunde zu legen, wie es der Verletzte nach Vollendung seiner Ausbildung gehabt haben würde.

Der § 569a gilt entsprechend.

[1] Neu eingefügt durch Abschn. A Art. 11 des Dritten Ges. über Änderungen in der Unfallversicherung v. 20. 12. 28 (RGBl. I S. 405, Amtl. Nachr. f. RV. S. 396), in Kraft seit 1. 7. 28.

Zu § 618a.

Runderlaß des RVA. an die der Aufsicht des RVA. unterstellten Berufsgenossenschaften über die Durchführung der Zweiten Verordnung über die Abfindung für Unfallrenten v. 10. 2. 28 (RGBl. I S. 22) v. 15. 6. 29 (Amtl. Nachr. f. RV. S. 256).

§ 623[1]. Die Berufsgenossenschaften als Träger der Versicherung umfassen die Unternehmer (§ 633) der versicherten Betriebe und Tätigkeiten, soweit nicht die §§ 624 bis 629 anderes vorschreiben.

[1] Neue Fassung durch Art. 12 des Dritten Ges. über Änderungen in der Unfallversicherung v. 20. 12. 28 (RGBl. I S. 405, Amtl. Nachr. f. RV. S. 396) in Kraft seit 1. 7. 28.

Bek. des RVA. v. 28. 3. 29 (Amtl. Nachr. f. RV. S. 140) — Änderung des Verzeichnisses der Berufsgenossenschaften.

Bek. des RVA. v. 16. 2. 29 (Amtl. Nachr. f. RV. S. 152) — Vereinigung der Seiden-Berufsgenossenschaft mit den Textil-Berufsgenossenschaften, Übergang der bei der Seiden-BG. versicherten Betriebe mit Wirkung vom 1. 1. 29 an auf die örtlich zuständigen Textil-BG.en.

Verordnung des RAM. über Träger der Unfallversicherung v. 17. 5. 29 (RGBl. I S. 104, Amtl. Nachr. f. RV. S. 252) — s. Anhang 2 —.

Errichtung der in Abschn. A I dieser Verordnung vorgesehenen Berufsgenossenschaft für Gesundheitsdienst und Wohlfahrtspflege am 28. 6. 29.

§ 627[1]. Das Land ist auch Träger der Versicherung für die Betriebe der Feuerwehren und zur Hilfeleistung bei Unglücksfällen, die nicht für seine Rechnung gehen, und für die Unfälle beim Lebensretten. Das gilt nicht für Betriebe, die Bestandteil eines anderen der Unfallversicherung unterliegenden Betriebs sind.

Die oberste Verwaltungsbehörde kann eine Gemeinde von wenigstens zweihundertfünfzigtausend Einwohnern, die sie zur Durchführung der Unfallversicherung für leistungsfähig hält, zum Versicherungsträger für die Betriebe der Feuerwehren und zur Hilfeleistung bei Unglücksfällen, die in ihrem Bereich ihren Sitz haben, und für die Unfälle beim Lebensretten, die in ihrem Gebiete sich ereignen, erklären.

Die oberste Verwaltungsbehörde kann auch mehrere Gemeinden von zusammen wenigstens zweihundertfünfzigtausend Einwohnern, die sie zur gemeinsamen Durchführung der Unfallversicherung für leistungsfähig hält, zu einem Verbande vereinigen und diesen zum Versicherungsträger erklären (Versicherungsverband). Mehrere Länder können gemeinsam einen Versicherungsverband errichten.

§ 627a[1]. Die oberste Verwaltungsbehörde kann eine Gemeinde von wenigstens zweihundertfünfzigtausend Einwohnern, die sie zur Durchführung der Unfallversicherung für leistungsfähig hält, auf ihren Antrag zum Träger der Versicherung für die im § 537 Abs. 1 Nr. 4b, c, d bezeichneten Betriebe und Tätigkeiten sowie für Röntgenbetriebe (§ 538 Nr. 3a) erklären, wenn sie Unternehmer des Betriebs oder der Tätigkeit ist. Dabei gilt § 627 Abs. 3.

Auf Antrag der Gemeinde oder des Versicherungsverbandes kann die oberste Verwaltungsbehörde ihre Erklärung zurücknehmen; die Zurücknahme bedarf der Zustimmung der beteiligten Genossenschaften. Wird die Zustimmung versagt, so kann sie auf Antrag der Verwaltungsbehörde vom Reichsversicherungsamt ersetzt werden.

Die Erklärung zum Versicherungsträger kann mangels anderer Vereinbarungen mit den beteiligten Genossenschaften nur zum Beginn, ihre Zurücknahme nur zum Schlusse eines Geschäftsjahrs erfolgen.

Eine Körperschaft, die Versicherungsträger geworden ist, hat von diesem Zeitpunkt an die Entschädigungsansprüche zu befriedigen, die gegen die Genossenschaft aus Unfällen bei den ausgeschiedenen Betrieben und Tätigkeiten entstanden sind. Ein entsprechender Teil des Vermögens der Genossenschaft ist der Körperschaft zu überweisen. Zu einer abweichenden Vereinbarung über die Auseinandersetzung bedarf es des Beschlusses der Genossenschaftsversammlung. Streit bei der Auseinandersetzung über das Vermögen entscheidet das Reichsversicherungsamt (Beschlußsenat), falls nicht schiedsrichterliche Entscheidung vereinbart ist.

[1] §§ 627, 627a neu eingefügt durch Abschn. A Art. 13 des Dritten Ges. über Änderungen in der Unfallversicherung v. 20. 12. 28 (RGBl. S. 405, Amtl. Nachr. f. RV. S. 396), in Kraft seit 1. 7. 28.

§ 628[1]. Die oberste Verwaltungsbehörde kann eine Gemeinde von wenigstens zweihundertfünfzigtausend Einwohnern, die sie zur Durchführung der Unfallversicherung für leistungsfähig hält, auf ihren Antrag zum Träger der

Versicherung für solche Bauarbeiten und Tätigkeiten bei nicht gewerbsmäßigem Halten von Reittieren oder Fahrzeugen (§ 537 Nr. 6, 7) erklären, welche sie als Unternehmer in anderen als Eisenbahnbetrieben ausführt. Sonst ist die Gemeinde mit den bezeichneten Arbeiten und Tätigkeiten nach § 629 versichert.

Dabei gelten die Vorschriften des § 627 Abs. 3 und des § 627a Abs. 2, 3, 4.

Eine Gemeinde, die nicht Versicherungsträger ist, kann auch durch Erklärung ihres Vorstandes zur Versicherung der im Abs. 1 bezeichneten Bauarbeiten in die für Baugewerbtreibende zuständige Berufsgenossenschaft und zur Versicherung der im Abs. 1 bezeichneten Tätigkeiten in die für Unternehmer gewerbsmäßiger Fuhrwerks- und Binnenschiffahrtsbetriebe zuständige Berufsgenossenschaft eintreten. Mangels anderer Vereinbarung ist der Eintritt nur zum Beginne, der Austritt nur zum Schlusse eines Geschäftsjahrs zulässig.

[1] Neufassung durch Abschn. A Art. 14 des Dritten Ges. über Änderungen in der Unfallversicherung v. 20. 12. 28 (RGBl. I S. 405, Amtl. Nachr. f. RV. S. 396), in Kraft seit 1. 7. 28.

§ 628a[1]. Die Vorschriften der §§ 627 bis 628 über Gemeinden gelten auch für Gemeindeverbände.

§ 628b[1]. Die oberste Verwaltungsbehörde kann auch andere Körperschaften, Stiftungen und Anstalten des öffentlichen Rechtes, die Unternehmer von Betrieben oder Tätigkeiten der in den §§ 627a, 628 bezeichneten Art sind, einem Versicherungsverbande zuteilen oder sie mit solchen Gemeinden oder Gemeindeverbänden, die zu Versicherungsträgern erklärt werden können, zu einem Versicherungsverbande vereinigen. Dabei gilt § 627a Abs. 4.

[1] Neu eingefügt durch Abschn. A Art. 15 des Dritten Ges. über Änderungen in der Unfallversicherung v. 20. 12 28 (RGBl. I S. 405, Amtl. Nachr. f. RV. S. 396), in Kraft seit 1. 7. 28.

§ 629a[1]. Eine Genossenschaft ist Träger der Versicherung für die Betriebe und Tätigkeiten, für die sie Unternehmer ist.

[1] Neu eingefügt durch Abschn. A Art. 16 des Dritten Ges. über Änderungen in der Unfallversicherung v. 20. 12. 28 (RGBl. I S. 405, Amtl. Nachr. f. RV. S. 396), in Kraft seit 1. 7. 28.

§ 630. Die Berufsgenossenschaften werden nach örtlichen Bezirken gebildet; sie umfassen darin alle Betriebe **und Tätigkeiten**[1], für die sie errichtet sind. Von dieser Vorschrift kann bei Genossenschaften für Eisenbahnen **oder die im § 537 Nr. 6, 7 bezeichneten Betriebe** abgesehen werden.

Der Reichsrat kann die Vereinigung der Unternehmer

knappschaftlicher Betriebe (§§ 1, 2 des Reichsknappschaftsgesetzes) zu Knappschafts-Berufsgenossenschaften genehmigen.

Genossenschaften, die nach den früheren Unfallversicherungsgesetzen errichtet sind, bleiben in ihrem Bestande, vorbehaltlich der nach den §§ 635 bis 648 zulässigen Änderungen, erhalten.

[1] Statt früher „der Gewerbszweige"; geändert durch Abschn. A Art. 17 des Dritten Ges. über Änderungen in der Unfallversicherung v. 20. 12. 28 (RGBl. I S. 405, Amtl. Nachr. f. RV. S. 396), in Kraft seit 1. 7. 28.

§ 633[1]. **Unternehmer eines Betriebs oder einer Tätigkeit ist derjenige, für dessen Rechnung der Betrieb oder die Tätigkeit geht.**

Unternehmer von Tätigkeiten bei nichtgewerbsmäßigem Halten von Reittieren oder Fahrzeugen (§ 537 Nr. 6, 7) ist, wer das Reittier oder Fahrzeug hält.

[1] Neufassung durch Abschn. A Art. 18 des Dritten Ges. über Änderungen in der Unfallversicherung v. 20. 12. 28 (RGBl. I S. 405, Amtl. Nachr. f. RV. S. 396), in Kraft seit 1. 7. 28.

§ 656a[1]. **Die Behörden, denen die Erteilung der Konzession, der Erlaubnis oder des Wandergewerbescheins für die im § 537 Abs. 1 Nr. 4b und d, 12 bezeichneten Betriebe obliegt (§§ 30, 32, 33a, 33b, 34a, § 55 Abs. 1 Nr. 4 der Gewerbeordnung), sind verpflichtet, die Genossenschaft bei der Ermittlung solcher Betriebe zu unterstützen. Der Reichsarbeitsminister bestimmt mit Zustimmung des Reichsrats das Nähere.**

[1] Neu eingefügt durch Abschn. A Art. 19 des Dritten Ges. über Änderungen in der Unfallversicherung v. 20. 12. 28 (RGBl. I S. 405, Amtl. Nachr. f. RV. S. 396), in Kraft seit 1. 7. 28.

§ 711. Die Genossenschaft veranlagt die Betriebe für die Tarifzeit nach Bestimmung der Satzung zu den Gefahrklassen.

Nach der Veranlagung kann die Genossenschaft einen Betrieb für die Tarifzeit neu veranlagen, wenn sich herausstellt, daß die Angaben des Unternehmers unrichtig waren, oder wenn eine Änderung im Betrieb eingetreten ist.

Gegen die Veranlagung hat der Unternehmer die Beschwerde. **Das Oberversicherungsamt entscheidet endgültig[1].**

§ 712. Die Genossenschaftsversammlung kann Unternehmern nach den Unfällen, die in ihren Betrieben vorgekommen sind, für die nächste Tarifzeit oder einen Teil von ihr Zuschläge auflegen oder Nachlässe bewilligen.

Gegen die Festsetzung von Zuschlägen hat der Unternehmer die Beschwerde. **Das Oberversicherungsamt entscheidet endgültig[2].**

[1, 2] Hinzugefügt durch Abschn. A Art. 20 des Dritten Ges. über Änderungen in der Unfallversicherung v. 20. 12. 28 (RGBl. I S. 405, Amtl. Nachr. f. RV. S. 396), in Kraft seit 1. 1. 29. Diese Vorschriften gelten nicht für die Fälle, in denen vor dem 1. 1. 29 weitere Beschwerde eingelegt ist (Abschn. B Art. 35 des Ges. v. 20. 12. 28; s. Anhang 1).

Zu § 721.

Rdschr. des RVA. an die Vorstände sämtlicher gewerblichen und landwirtschaftlichen Berufsgenossenschaften sowie an sämtliche Ausführungsbehörden vom 28. 2. 29, betreffend die Änderung und Ergänzung der Anleitung zur Aufstellung der Nachweisung über die gesamten Geschäfts- und Rechnungsergebnisse der Träger der Unfallversicherung (Amtl. Nachr. f. RV. S. 152).

§ 724. Für diese Genossenschaften tritt das Landesversicherungsamt an die Stelle des Reichsversicherungsamts, wenn es sich handelt um die

Streitigkeiten wegen Zuteilung mehrerer Betriebe zu einer Genossenschaft nach den §§ 542, 632,

Genehmigung oder Festsetzung der Krankenordnung nach § 558e[1],

Streitigkeiten zwischen der Genossenschaft und einer öffentlichen Körperschaft bei Auseinandersetzung über das Vermögen in den Fällen des § 624 Abs. 4, **des § 627a Abs. 4, des § 628 Abs. 2 und der §§ 628a, 628b**[1],

Zustimmung zur Zurücknahme einer Erklärung zum Versicherungsträger, in den Fällen des § 627a Abs. 2, des § 628 Abs. 2 und des § 628a[2],

Änderung des Bestandes der Genossenschaften (§§ 635 bis 648),

Aufnahme in das Betriebsverzeichnis (§§ 660, 661),

Änderung in der Zugehörigkeit des Betriebs zur Genossenschaft im Falle des § 673 Abs. 1, 3,

Genehmigung und Errichtung der Satzung (§§ 681 bis 683),

Genehmigung der schriftlichen Abstimmung, des Ausfalls oder der Verschiebung der Genossenschaftsversammlung oder Sektionsversammlung (§ 688a),

Übernahme der Geschäfte der Genossenschaft (§ 689),

Dienstordnung für die Angestellten der Genossenschaft (§§ 690 bis 702) sowie Streitigkeiten aus ihrem Dienstverhältnisse (§§ 705, 705a),

Gefahrtarife (§§ 706 bis 712),

Zusammenlegung der Entschädigungslast (§ 715),

Vermögensverwaltung der Genossenschaften (§ 717),
Erhebung von Beitragsvorschüssen (§ 738) sowie Aufbringung der Rücklage (§§ 741 bis 747),
Vollstreckung der Auszüge aus den Heberollen und der Einforderungen von Beitragsvorschüssen nach § 754a,
Sicherheitsleistung des Bauherrn (§ 773),
Deckung der Ansprüche der Post (§§ 781, 782),
Zweiganstalten und Versicherungsgenossenschaften (§§ 783 bis 842) mit Ausschluß der Fälle des § 799 und des § 839 Abs. 2,
weiteren Einrichtungen der Genossenschaften (§§ 845 bis 847),
Unfallverhütung und Überwachung (§§ 848 bis 891) mit Ausschluß der Fälle des § 883 und des § 860 Abs. 1,
Mitteilung der Ausführungsbehörden (§ 893).

[1] Geändert,

[2] neu gefaßt durch Abschn. A Art. 21 des Dritten Ges. über Änderungen in der Unfallversicherung v. 20. 12. 28 (RGBl. I S. 405, Amtl. Nachr. f. RV. S. 396), in Kraft seit 1. 7. 28.

Zu § 726.

Runderl. des RVA. an die Träger der Unfallversicherung über die Zahlung von Unfallentschädigungen v. 27. 9. 28 (Amtl. Nachr. f. RV. S. 379 und Beilage zu Heft Nr. 11: Ausführungsbestimmungen über die Zahlung von Unfallentschädigungen v. 27. 9. 28).

§ 735a[1]. **Die Mittel zur Deckung der Entschädigungsbeträge und Verwaltungskosten, die dem Versicherungsträger für die im § 537 Abs. 1 Nr. 4b versicherten Betriebe und Tätigkeiten aus Unfällen bei Kleinbetrieben und Tätigkeiten in der Wohlfahrtspflege und dem Gesundheitsdienst erwachsen, werden nach Verhältnis der Volkszahl jährlich auf die Gemeinden umgelegt, soweit die Kosten der Aufbringung in einem Mißverhältnis zu den Aufwendungen für die Entschädigung stehen würden. Das Nähere bestimmt der Reichsarbeitsminister mit Zustimmung des Reichsrats.**

[1] Neu eingefügt durch Abschn. A Art. 22 des Dritten Ges. über Änderungen in der Unfallversicherung v. 20. 12. 28 (RGBl. I S. 405, Amtl. Nachr. f. RV. S. 396), in Kraft seit 1. 7. 28.

§ 758. Gibt der Vorstand dem Einspruch nicht oder nicht in dem beantragten Umfang Folge, so ist die Beschwerde gegen seine Entscheidung nur vorbehaltlich des § 759 zulässig.

Sie kann nur gegründet werden auf
Rechenfehler,
ungenügende Berücksichtigung der Nachlässe (§ 712),

unrichtigen Ansatz des Entgelts,
irrtümlichen Ansatz einer Gefahrklasse.

Aus den letzten beiden Gründen ist die Beschwerde unzulässig, wenn der Vorstand wegen Säumigkeit des Unternehmers den Nachweis selbst aufgestellt oder ergänzt hat.

Das Oberversicherungsamt entscheidet endgültig[1].

[1] Abs. 4 hinzugefügt durch Abschn. A Art. 23 Abs. 1 des Dritten Ges. über Änderungen in der Unfallversicherung v. 20. 12. 28 (RGBl. I S. 405, Amtl. Nachr. f. RV. S. 396); die Vorschrift gilt mit Wirkung v. 1. 1. 29 an, jedoch nicht für die Fälle, in denen vor dem 1. 1. 29 bereits weitere Beschwerde eingelegt ist (Abschn. B Art. 35, Abs. 3 des Ges. v. 20. 12. 28; s. Anhang 1).

§ 759. Soweit der Einspruch auf die Voraussetzungen des § 757 Abs. 2 gegründet wird und die Genossenschaft ihn nicht als berechtigt anerkennt, hat sie die Sache dem Oberversicherungsamt vorzulegen. Dieses entscheidet darüber, welcher Genossenschaft der Entgelt nachzuweisen ist, und hebt eine abweichende Feststellung der Beiträge auf, auch wenn sie schon rechtskräftig geworden ist. **Das Oberversicherungsamt entscheidet endgültig**[1].

[1] Satz 3 geändert durch Abschn. A Art. 23 Abs. 2 des Dritten Ges. über Änderungen in der Unfallversicherung v. 20. 12. 28 (RGBl. I S. 405, Amtl. Nachr. f. RV. S. 396), gilt ab 1. 1. 29, jedoch nicht für die Fälle, in denen vor dem 1. 1. 29 bereits weitere Beschwerde eingelegt ist (Abschn. B Art. 35 Abs. 3 des Ges. v. 20. 12. 28; s. Anhang 1).

Zu § 839.

Bek. des RVA. über Nachweise von Tätigkeiten bei dem nicht gewerbsmäßigen Halten von Reittieren und Fahrzeugen v. 16. 1. 29 (Amtl. Nachr. f. RV. S. 56), — Nachweise jetzt jährlich, statt halbjährlich einzureichen.

§ 843. **Die Träger der Unfallversicherung**[1] können einrichten

1. eine Versicherung gegen Haftpflicht für die Unternehmer (§ 633) und die ihnen in der Haftpflicht Gleichstehenden,
2. Rentenzuschuß- und Ruhegeldkassen oder eine besondere Versicherung gegen Unfälle für[2] Mitglieder der Genossenschaft, Versicherte, Genossenschaftsangestellte, sowie für die Angehörigen dieser Personen,
3. die Beschaffung von Arbeitsgelegenheit für Unfallverletzte.

[1] Statt bisher „die Genossenschaften",

[2] hinter „für" das Wort „Betriebsbeamte" gestrichen; Änderungen durch Abschn. A Art. 24 Abs. 1 und 2 des Dritten Ges. über Ände-

rungen in der Unfallversicherung v. 20. 12. 28 (RGBl. I S. 405, Amtl. Nachr. f. RV. S. 396), in Kraft seit 1. 7. 28.

§ 844. Träger der Einrichtungen ist **der Träger der Unfallversicherung**[1]. Die Teilnahme an diesen Einrichtungen ist freiwillig.

[1] Statt bisher „die Genossenschaft"; geändert durch Abschn. A Art. 24 Abs. 2 des Dritten Ges. über Änderungen in der Unfallversicherung v. 20. 12. 28 (RGBl I S. 405, Amtl. Nachr. f. RV. S. 396), in Kraft seit 1. 7. 28.

§ 846[1]. **Das Reichsversicherungsamt führt die Aufsicht, soweit Genossenschaften Träger der Versicherung sind.**

[1] Neufassung durch Abschn. A Art. 24 Abs. 3 des Dritten Ges. über Änderungen in der Unfallversicherung v. 20. 12. 28 (RGBl. I S. 405, Amtl. Nachr. f. RV. S. 396), in Kraft seit 1. 7. 28.

§ 847. **Die Träger der Versicherung**[1] können vereinbaren, solche Einrichtungen gemeinsam zu treffen.

Die Vereinbarung darf nur mit Beginn eines Geschäftsjahrs wirksam werden.

Für die Genehmigung solcher Vereinbarungen gilt § 845 entsprechend.

[1] Statt bisher „Genossenschaften"; geändert durch Abschn. A Art. 24 Abs. 4 des Dritten Ges. über Änderungen in der Unfallversicherung v. 20. 12. 28 (RGBl. I S. 405, Amtl. Nachr. f. RV. S. 396), in Kraft seit 1. 7. 28.

Zu § 853.

Runderl. des RVA. an die Vorstände der dem RVA. unterstellten gewerblichen Berufsgenossenschaften über die Hinzuziehung der Versichertenvertreter auf Grund des § 853 Abs. 2 RVO. v. 10. 8. 28 (Amtl. Nachr. f. RV. S. 281).

Zu § 878.

Runderl. des RVA. an die Vorstände der dem RVA. unterstellten gewerblichen und landwirtschaftlichen Berufsgenossenschaften über die Durchführung der Betriebsbesichtigungen durch technische Aufsichtsbeamte v. 15. 11. 28 (Amtl. Nachr. f. RV. 1929 S. 9).

Zu § 883.

Runderl. d. RVA. an die Vorstände sämtlicher gewerblicher Berufsgenossenschaften über die Erstattung der Jahresberichte über die Durchführung der Unfallverhütungsvorschriften und die Maßnahmen für die erste Hilfe (§ 883 Abs. 2 RVO.) v. 29. 1. 29 (Amtl. Nachr. f. RV. S. 57).

Zu § 892.

Abänderung der Ausführungsbestimmungen des RAM. für die Unfallversicherung der dem Reichsarbeitsministerium unterstellten Reichsbetriebe, für die das Versorgungsamt I Berlin als Ausführungsbehörde gemäß § 892 RVO. bestimmt ist, v. 12. 1. 28 (Reichsarbeitsbl. IV S. 2) v. 8. 6. 29 (Amtl. Nachr. f. RV. S. 255).

§ 894. Ist das Reich, ein Land, ein Gemeindeverband, eine Gemeinde oder eine andere öffentliche Körperschaft Versicherungsträger, so gelten nicht

die Vorschriften über Änderung des Bestandes der Berufsgenossenschaften (§§ 635 bis 648),
von den Vorschriften über die Verfassung der Genossenschaften die §§ 649 bis 717,
die Vorschriften über Aufsicht (§§ 722 bis 725),
die Vorschriften über Aufbringung der Mittel sowie über Umlage- und Erhebungsverfahren (§§ 731 bis 776),
von den Vorschriften über Abführung der Beträge an die Post die §§ 781, 782,
die Vorschriften über Zweiganstalten (§§ 783 bis 842)[1],
von den Vorschriften über Unfallverhütung und Überwachung die §§ 848a bis 887, 889 bis 891,
von den Strafvorschriften die §§ 908 bis 910a, 912, 913.

[1] Die früher hier folgenden Worte: „die Vorschriften über weitere Einrichtungen (§§ 843 bis 847)" sind durch Abschn. A Art. 25 des Dritten Ges. über Änderungen in der Unfallversicherung v. 20. 12. 28 (RGBl. I S. 405, Amtl. Nachr. f. RV. S. 396), in Kraft seit 1. 7. 28, beseitigt.

§ 896[1]. **Die oberste Verwaltungsbehörde kann vorschreiben, daß und wie der Versicherungsträger für Betriebe der Feuerwehren und zur Hilfeleistung bei Unglücksfällen sowie für Lebensretter seine Aufwendungen auf die beteiligten Gemeinden oder Gemeindeverbände umlegt; sie kann ebenso vorschreiben, daß und wie sonstige nach den Bestimmungen des Landesrechts Beitragspflichtige zur Tragung der Aufwendungen herangezogen werden. Dabei dürfen die Versicherten oder die aus Versicherten bestehenden Vereine zur Hilfeleistung bei Feuersnot oder anderen Unglücksfällen nicht zu Beiträgen herangezogen werden.**

[1] Neu eingefügt durch Abschn. A Art. 26 des Dritten Ges. über Änderungen in der Unfallversicherung v. 20. 12. 28 (RGBl. I S. 405, Amtl. Nachr. f. RV. S. 396), in Kraft seit 1. 7. 28.

§ 899. Das gleiche gilt für Ersatzansprüche Versicherter und ihrer Hinterbliebenen gegen Bevollmächtigte oder Repräsentanten des Unternehmers und gegen Betriebs- und Arbeiteraufseher.

Bei Unfällen im Feuerwehrbetriebe gilt das gleiche, ferner für Ersatzansprüche Versicherter und ihrer Hinterbliebenen gegen Feuerwehrvereine und ihre Vorstände, die Mitglieder von Pflicht- und freiwilligen Feuer-

wehren, die beigezogenen Löschpflichtigen, die freiwillig beim Feuerwehrdienste helfenden Personen sowie alle beim Tätigwerden der Feuerwehr mit Befehlsgewalt ausgestatteten Personen[1].

Bei Unfällen in Betrieben zur Hilfeleistung bei Unglücksfällen gilt Abs. 2 entsprechend[1].

[1] Abs. 2 und 3 hinzugefügt durch Abschn. A Art. 27 des Dritten Ges. über Änderungen in der Unfallversicherung v. 20. 12. 28 (RGBl. I S. 405, Amtl. Nachr. f. RV. S. 396), in Kraft seit 1. 7. 28.

§ 922. Für den Umfang der Versicherung gelten im übrigen die **§§ 539b, 542 bis 554[1]** aus der gewerblichen Unfallversicherung entsprechend.

[1] Statt bisher §§ 542 bis 554; geändert durch Abschn. A Art. 28 des Dritten Ges. über Änderungen in der Unfallversicherung v. 20. 12. 28 (RGBl. I S. 405, Amtl. Nachr. f. RV. S. 396), in Kraft seit 1. 7. 28.

Zu §§ 933—940.

Nachweis der durchschnittlichen Jahresarbeitsverdienste land- und forstwirtschaftlicher Arbeiter, festgesetzt auf Grund der §§ 933 bis 940 RVO. v. 6. 7. 28 (Amtl. Nachr. f. RV. S. 214); Veränderungsnachweis hierzu vom 7. 1. 29 (Amtl. Nachr. f. RV. S. 8).

§ 940. Für **Angestellte[1]** werden durchschnittliche Jahresarbeitsverdienste nicht festgesetzt.

Der Ausschuß kann das gleiche für bestimmte, nach der Art ihrer Beschäftigung, dem Geschlecht oder dem Familienstand bezeichnete Gruppen von Versicherten bestimmen.

Der Jahresarbeitsverdienst der Unternehmer und ihrer Ehegatten sowie anderer im Betriebe Beschäftigter und Betriebsfremder (§ 552 in Verbindung mit § 922) kann von der Satzung abweichend festgesetzt werden.

[1] Statt früher „Betriebsbeamte"; geändert durch Abschn. A Art. 29 des Dritten Ges. über Änderungen in der Unfallversicherung v. 20. 12. 28 (RGBl. I S. 405, Amtl. Nachr. f. RV. S. 396), in Kraft seit 1. 7. 28.

Zu § 988.

Rdschr. des RVA. an die Vorstände der der Aufsicht des RVA. unterstellten landwirtschaftlichen Berufsgenossenschaften und Landesversicherungsanstalten über Rentenzahlung an die in Polen wohnenden polnischen landwirtschaftlichen Arbeiter v. 19. 10. 28 (Amtl. Nachr. f. RV. S. 371).

§ 990. Die Beiträge werden umgelegt nach

dem abgeschätzten Durchschnittsmaße der menschlichen Arbeit (Arbeitsbedarf) und ihrem Werte gemäß diesem Gesetze, dem Entgelte von Angestellten[1] sowie dem Jahresarbeitsverdienste von Unternehmern, soweit die Arbeitsleistungen solcher Versicherten nicht mit abgeschätzt sind, und nach

der Höhe der Unfallgefahr (Gefahrklasse).

§ 993. Dauernd beschäftigte Arbeiter sind mit dreihundert Arbeitstagen anzusetzen, weibliche nach einem in der Satzung bestimmten Verhältnis auf männliche umzurechnen.

Die Arbeitsleistung von Angestellten[1], von Unternehmern und ihren nicht versicherten Angehörigen ist beim Abschätzen nicht mitzurechnen.

Die Satzung kann anders bestimmen.

§ 1007. Die Satzung bestimmt, ob und welche besonderen Zuschläge für Angestellte[1] oder Unternehmer zu erheben sind. Sie hat, wenn Zuschläge erhoben werden, das Nähere, insbesondere die Anmeldung, zu ordnen und die Zuwiderhandlung mit Strafe zu bedrohen.

§ 1016. Bei der Umlage der Beiträge nach Arbeitsbedarf und Gefahrklassen hat jedes Mitglied, das im verflossenen Geschäftsjahr Angestellte[1] beschäftigt hat, binnen sechs Wochen nach Ablauf des Geschäftsjahrs dem Vorstand einen Nachweis darüber einzureichen, wieviel jeder von ihnen während dieser Zeit an Entgelt tatsächlich bezogen hat oder wieviel für ihn anzurechnen ist.

Die Satzung kann einen summarischen Lohnnachweis nach § 750 Abs. 3 zulassen.

Für Mitglieder, die den Lohnnachweis nicht rechtzeitig oder unvollständig einreichen, stellt ihn der Genossenschafts- oder Sektionsvorstand selbst auf und ergänzt ihn.

§ 1017. Zum Berechnen der Beiträge werden angesetzt für

einen Angestellten[1] der Entgelt, den er im Betriebe tatsächlich bezogen hat oder der für ihn anzurechnen ist,

einen Arbeitstag eines Arbeiters ein Betrag, den der Vorstand der Berufsgenossenschaft unter Berücksichtigung der Festsetzungen nach den §§ 932 bis 935 bestimmt,

einen Unternehmer das Dreihundertfache dieses Betrages, wenn die Satzung nichts anderes bestimmt.

Dabei gilt § 732 Abs. 2.

§ 1018. Wird beim Abschätzen die Arbeitsleistung der Angestellten[1] nach der Satzung mitgerechnet (§ 993 Abs. 3), so ist von dem Entgelt dieser Versicherten nur der Betrag anzusetzen, der das Dreihundertfache des für den Arbeitstag eines Arbeiters nach § 1017 Abs. 1 anzusetzenden Betrags übersteigt.

§ 1028a. Die Satzung kann bestimmen und das Reichsversicherungsamt kann für den Bereich einer Berufsgenossenschaft anordnen, daß die Vorschriften des Sechsten Abschnitts über **Angestellte**[1] auch für bestimmte Arbeitergruppen gelten.

[1] In den §§ 990, 993, 1007, 1016, 1017, 1018, 1028a ist überall das Wort „Betriebsbeamte oder Betriebsbeamten" durch „Angestellte oder Angestellten" ersetzt worden; Abschn. A Art. 29 des Dritten Ges. über Änderungen in der Unfallversicherung v. 20. 12. 28 (RGBl. I S. 405, Amtl. Nachr. f. RV. S. 396), in Kraft seit 1. 7. 28.

§ 1033. Ist das Reich oder ein Land Versicherungsträger, so gelten aus der gewerblichen Unfallversicherung die §§ 892, 893, 895, 897.

Aus der landwirtschaftlichen Unfallversicherung gelten nicht
die Vorschriften über Änderung des Bestandes der Berufsgenossenschaften (§§ 960 bis 961),
von den Vorschriften über die Verfassung die §§ 962 bis 983, die Vorschriften über Aufsicht (§§ 985 bis 987),
die Vorschriften über Aufbringung der Mittel sowie über Umlage- und Erhebungsverfahren (§§ 989 bis 1027),
von den Vorschriften über Abführung der Beträge an die Post der § 1028 in Verbindung mit den §§ 781, 782[1],
von den Vorschriften über Unfallverhütung und Überwachung der § 1030 in Verbindung mit den §§ 848a bis 887, 889, dem § 890 Abs. 1 und dem § 891 Abs. 2 sowie die §§ 1031, 1032,
von den Strafvorschriften die §§ 1043, 1044 und der § 1045 in Verbindung mit den §§ 910, 910a, 912, 913.

Die oberste Verwaltungsbehörde kann anordnen, daß die Festsetzung durchschnittlicher Jahresarbeitsverdienste nach den §§ 932 bis 935 unterbleibt. Dann sind für jeden Betrieb die für den Betriebsitz geltenden Festsetzungen der durchschnittlichen Jahresarbeitsverdienste bei der örtlich zuständigen landwirtschaftlichen Berufsgenossenschaft maßgebend, bei der Betriebszweige derselben Art versichert sind.

[1] Die früher hier folgenden Worte „die Vorschriften über weitere Einrichtungen (§ 1029)" sind durch Abschn. A Art. 30 des Dritten Ges. über Änderungen in der Unfallversicherung v. 20. 12. 28 (RGBl. I S. 405, Amtl. Nachr. f. RV. S. 396), in Kraft seit 1. 7. 28, in Wegfall gebracht worden.

§ 1049a[1]. Der § 539b gilt entsprechend.

[1] Neu eingefügt durch Abschn. A Art. 31 des Dritten Ges. über Änderungen in der Unfallversicherung v. 20. 12. 28 (RGBl. I S. 405, Amtl. Nachr. f. RV. S. 356), in Kraft seit 1. 7. 28.

§ 1057 a. Für die Versicherung von Berufskrankheiten gilt § 547 aus der gewerblichen Unfallversicherung entsprechend.

Werden seemännische Berufskrankheiten der Unfallversicherung unterstellt, so kann die Reichsregierung vorschreiben, inwieweit sich die Versicherung gegen diese Krankheiten auch auf die Zeit erstreckt, in welcher der Versicherte in eigener Sache an Land beurlaubt ist[1].

[1] Abs. 2 hinzugefügt durch Abschn. A Art. 32 des Dritten Ges. über Änderungen in der Unfallversicherung v. 20. 12. 28 (RGBl. I S. 405, Amtl. Nachr. f. RV. S. 396), in Kraft seit 1. 7. 28.

Zu § 1068.

Bek. des RVA. über die Festsetzung der Durchschnittsheuern für Seeleute und der Durchschnittssätze des Geldwerts der auf Seefahrzeugen gewährten Beköstigung v. 14. 2. 29 (Deutscher Reichs- u. Preuß. Staatsanzeiger Nr. 55).

§ 1218. Soweit das Reich oder ein Land an die Stelle der Berufsgenossenschaft tritt, sind die §§ 892, 893, 895, 897 entsprechend anzuwenden.

Aus der See-Unfallversicherung gelten nicht

- die Vorschriften über Auflösung der Berufsgenossenschaft (§ 1122 in Verbindung mit § 647 Abs. 1, 3),
- von den Vorschriften über die Verfassung die §§ 1123 bis 1156 und der § 1157 in Verbindung mit § 717,
- die Vorschrift über Aufsicht (§ 1158),
- die Vorschriften über Aufbringung der Mittel sowie über Umlage- und Erhebungsverfahren (§§ 1162 bis 1184a),
- von den Vorschriften über Abführung der Beträge an die Post der § 1185 in Verbindung mit den §§ 781, 782,
- die Vorschriften über die Zweiganstalt (§§ 1186 bis 1197)[1],
- von den Vorschriften über Unfallverhütung und Überwachung die §§ 1199a bis 1216 und der § 1217 Abs. 1 in Verbindung mit den §§ 887, 889 sowie der § 1217 Abs. 2,
- von den Strafvorschriften die §§ 1220 bis 1223 und der § 1224 in Verbindung mit den §§ 910, 910a.

[1] Die früher hier folgenden Worte „die Vorschriften über weitere Einrichtungen (§ 1198)“ sind durch Abschn. A Art. 33 des Dritten Ges. über Änderungen in der Unfallversicherung v. 20. 12. 28 (RGBl. I S. 405, Amtl. Nachr. f. RV.), in Kraft seit 1. 7. 28, gestrichen worden.

Viertes Buch.

Zu § 1245.

Achte Verordnung über die Versicherung der in der Kauffahrteiflotte, auf Kabeldampfern und Schulschiffen sowie in der Hochseefischereiflotte beschäftigten, nach dem Vierten Buche der RVO. versicherungspflichtigen Personen v. 28. 12. 28 (RGBl. 1929 I S. 5, Amtl. Nachr. f. RV. 1929 S. 16); s. Anhang 7.

Zu § 1269

und Abschn. C des Ges. über Ausbau der Angestellten- und Invalidenversicherung und über Gesundheitsfürsorge in der Reichsversicherung v. 28. 7. 25 (RGBl. I S. 157).

Richtlinien des RAM. über Gesundheitsfürsorge in der versicherten Bevölkerung vom 27. 2. 29 (RGBl. I S. 69, Amtl. Nachr. f. RV. S. 101), in Kraft seit 1. 4. 29 — s. Anhang 8.

Zu § 1271.

Runderl. des RVA. an die der Aufsicht des RVA. unterstehenden Landesversicherungsanstalten und an die Seekasse über die Zahlung des nach § 1271 während des Heilverfahrens zu gewährenden, nach dem Ortslohn berechneten Hausgeldes für die Sonn- und Feiertage v. 18. 1. 29 (Amtl. Nachr. f. RV. S. 220).

Zu § 1274.

Runderl. des RVA. an die Vorstände der der Aufsicht des RVA. unterstellten Landesversicherungsanstalten und an den Vorstand der Seekasse über Rückstellungen für Zwecke der Gesundheitsfürsorge v. 10. 1. 29 (Amtl. Nachr. f. RV. S. 61).

Runderl. des RVA. an die Vorstände sämtlicher Träger der Invalidenversicherung über den Nachweis von Rückstellungen aus Anstaltsmitteln für bestimmte spätere Verwendungszwecke v. 19. 3. 29 (Amtl. Nachr. f. RV. S. 158).

Zu § 1274a.

Verordnung des RAM. über die Vergütung nach § 42 AVG. und § 1274a RVO. v. 19. 3. 29 (Amtl. Nachr. f. RV. S. 106) — 8 v. H. der entrichteten Beiträge.

§ 1279. Als Pflichtbeiträge gelten die vollen Wochen, in denen der Versicherte wegen einer Krankheit zeitweise arbeitsunfähig und nachweislich verhindert gewesen ist, seine Berufstätigkeit fortzusetzen.

Diese Wochen werden nur bei denen berücksichtigt, die vorher berufsmäßig nicht nur vorübergehend versicherungspflichtig beschäftigt gewesen sind.

Nicht angerechnet wird eine Krankheit, die sich der Versicherte vorsätzlich oder bei Begehung eines durch strafgerichtliches Urteil festgestellten Verbrechens oder durch schuldhafte Beteiligung bei Schlägereien oder Raufhändeln zugezogen hat.

Wenn die Krankheit ununterbrochen über ein Jahr dauert, wird die weitere Dauer nicht angerechnet.

Die Genesungszeit wird der Krankheit gleichgeachtet. Dasselbe gilt für die Dauer von **zwölf Wochen**[1] bei einer Arbeitsunfähigkeit, die durch eine Schwangerschaft oder ein regelmäßig verlaufenes Wochenbett veranlaßt ist.

[1] Statt früher „acht Wochen"; geändert durch Art. I § 4 des Ges. über Wochenhilfe v. 18. 5. 29 (RGBl. I S. 98, Amtl. Nachr. f. RV. S. 214), in Kraft seit 1. 6. 29.

§ 1289. Bei der Invalidenrente werden zwanzig vom Hundert der seit dem 1. Januar 1924 gültig entrichteten Beiträge als Steigerungsbetrag gewährt.

Ferner wird für jede ordnungsmäßig verwendete Beitragsmarke der bis zum 30. September 1921 gültigen Lohnklassen ein Steigerungsbetrag gewährt; er beträgt für jede Beitragsmarke

in der Lohnklasse	**I**	**4**	**Reichspfennig,**
" " "	**II**	**8**	**" ,**
" " "	**III**	**14**	**" ,**
" " "	**IV**	**20**	**" ,**
" " "	**V**	**30**	**" .**[1, 2]

[1] Neufassung des Abs. 2 durch Art. 1 des Ges. über Leistungen in der Invalidenversicherung v. 12. 7. 29 (RGBl. I S. 135), in Kraft mit dem 1. 10. 29.

[2] Hierzu nachstehende Übergangs- und Schlußvorschriften des Ges. v. 12. 7. 29:

Art. 2. Bei den vor dem 1. Oktober 1929 festgestellten und an diesem Tage noch laufenden Renten der Invalidenversicherung, die einen Steigerungsbetrag für Beitragszeiten vor dem 1. Oktober 1921 enthalten, wird der Gesamtsteigerungsbetrag für diese Beitragszeiten mit Wirkung vom 1. Oktober 1929 ab um fünfzehn vom Hundert erhöht, jedoch um mindestens 12 Reichsmark, bei Waisenrenten um mindestens 6 Reichsmark für das Jahr.

Die Höhe der neuen Rente ist dem Berechtigten mitzuteilen. Ein Rechtsmittel findet nicht statt.

(Art. 3 betrifft eine Änderung des Art. 71 EG. z. RVO., s. unten.)

Art. 4. Zur Durchführung der Vorschriften in den Artikeln 2 und 3 bestimmt der Reichsarbeitsminister das Nähere. Dies gilt insbesondere für den Fall, daß Tatsachen, die zur Begründung des Versicherungsanspruchs geeignet sind, nicht mehr festgestellt werden können.

Art. 5. Das Gesetz tritt mit dem 1. Oktober 1929 in Kraft.

Ansprüche auf Leistungen, die nach dem 30. September 1929 festgestellt werden, unterliegen mit Wirkung vom 1. Oktober 1929 ab den

Vorschriften dieses Gesetzes. Ihre Nichtanwendung gilt auch dann als Revisionsgrund, wenn das Oberversicherungsamt sie noch nicht anwenden konnte.

Auf Grund des Art. 4 des Ges. v. 12. 7. 29 ist die Verordnung des RAM. zur Durchführung des Gesetzes über Leistungen in der Invalidenversicherung vom 17. Juli 1929 (RGBl. I S. 135) ergangen:

(I. Zu Art. 3 des Ges. v. 12. 7. 29, s. unten zu Art. 71 EG. z. RVO.)

II. Zu den Artikeln 2, 3 des Gesetzes vom 12. Juli 1929:

§ 2. Soweit die Verteilung der gültig entrichteten Beiträge auf die Lohnklassen nicht mehr festzustellen ist, gilt für jede Beitragsmarke ein einheitlicher Steigerungsbetrag von 16 Reichspfennig. Weist der Berechtigte nachträglich die Verteilung der Beiträge auf die Lohnklassen nach, so ist der Steigerungsbetrag nach der Vorschrift des Gesetzes zu berechnen, wenn dies für den Berechtigten günstiger ist.

III. Zu Artikel 2 des Gesetzes vom 12. Juli 1929:

§ 3. Die in der Zeit vom 1. Januar 1923 bis zum 30. September 1929 von der Reichsversicherungsanstalt für Angestellte oder von der Reichsknappschaft als Träger der Angestelltenversicherung festgestellten und am 1. Oktober 1929 noch laufenden Renten der Wanderversicherten oder ihrer Hinterbliebenen erhalten vom 1. Oktober 1929 an den Steigerungsbetrag der Invalidenversicherung nach den Vorschriften des Gesetzes. Der § 2 gilt entsprechend.

§ 4. Ist eine vor dem 1. Januar 1923 festgestellte Rente eines Wanderversicherten oder seiner Hinterbliebenen nach Abschnitt B Artikel VII des Gesetzes über Änderung des Versicherungsgesetzes für Angestellte und der Reichsversicherungsordnung vom 10. November 1922 (Reichsgesetzbl. I S. 849) in der Fassung der Verordnung über Vereinfachungen in der Sozialversicherung vom 30. Oktober 1923 (Reichsgesetzbl. I S. 1057) zu ergänzen, so ist auch der Steigerungsbetrag gemäß § 1289 Abs. 2 der Reichsversicherungsordnung zu gewähren.

IV. Schlußvorschrift:

§ 5. Das Reichsversicherungsamt kann Näheres über die Durchführung des Gesetzes vom 12. Juli 1929 und dieser Verordnung, insbesondere über die Zahlungsanweisung der Versicherungsträger an die Post und über die Nachweise zur Feststellung des Reichsbeitrags auf Grund der bisherigen Gesetze, bestimmen.

Berlin, den 17. Juli 1929.

Der Reichsarbeitsminister.

Zu § 1316.

Verordnung des RAM. über die Zahlung des Reichszuschusses zu den Renten der Invalidenversicherungen nach ausländischen Grenzgebieten v. 22. 10. 28 (RGBl. I S. 379, Amtl. Nachr. f. RV. S. 380).

Auf Grund des § 1316 RVO. wird nach Zustimmung des Reichsrats verordnet:

§ 1. Soweit Renten der Invalidenversicherung nach ausländischen

Grenzgebieten (§ 1314a der RVO.) gezahlt werden, wird außer dem Anteil des Versicherungsträgers auch der Reichszuschuß gewährt.

§ 2. Die Verordnung tritt am 1. November 1928 in Kraft.

Berlin, den 22. Oktober 1928.

Der Reichsarbeitsminister.

Zu § 1383.

Runderl. des RVA. an die Vorstände sämtlicher Landesversicherungsanstalten und Sonderanstalten über die Zahlungen auf Grund der Invalidenversicherung v. 29. 9. 28 (Amtl. Nachr. f. RV. S. 380 und Beilage zu Heft 11: Ausführungsbestimmungen über Zahlungen auf Grund der Invalidenversicherung v. 29. 9. 28).

Sechstes Buch.

Zu § 1546.

Runderl. des RVA. über Ablehnung von Ansprüchen aus der Unfallversicherung wegen Ablaufs der Anmeldefrist (§ 1546 RVO.) v. 28. 9. 28 (Amtl. Nachr. f. RV. S. 330).

§ 1781. Das Gesetz **oder eine in Ausführung des Gesetzes ergangene Verordnung**[1] bestimmt, welche Beschlußsachen durch Beschlußausschuß, Beschlußkammer oder Beschlußsenat zu entscheiden sind. Beschlußsachen, die nach Gesetz der Beschlußausschuß zu entscheiden hat, werden, soweit der Rechtszug des Beschlußverfahrens zulässig ist, von Beschlußkammer und Beschlußsenat entschieden. Dies gilt entsprechend für Beschlußsachen, welche die Beschlußkammer nach Gesetz in erster Instanz zu entscheiden hat.

Der Vorsitzende der Beschlußkammer kann ihr auch andere Beschlußsachen überweisen, sofern es sich um Fragen von grundsätzlicher Bedeutung handelt; er hat es zu tun, wenn es bei Meinungsverschiedenheit ein an der Bearbeitung der Sache beteiligtes Mitglied beantragt. Das Entsprechende gilt für den Beschlußsenat, jedoch nicht in Angelegenheiten, die die Handhabung des Aufsichtsrechts gegenüber den Versicherungsträgern betreffen.

Der Vorsitzende des Beschlußausschusses kann in allen Fällen, in denen die Entscheidung durch den Beschlußausschuß vorgeschrieben ist, allein entscheiden, falls nicht eine Partei die Entscheidung des Beschlußausschusses verlangt. Dies gilt entsprechend für den Vorsitzenden der Beschlußkammer, es sei denn, daß in erster Instanz der Beschlußausschuß entschieden hat. Gegen die Entscheidung des Vorsitzenden ist nur das Rechtsmittel zulässig, das gegen die Entscheidung des Beschlußausschusses (der Beschlußkammer) zulässig wäre.

Zu den Entscheidungen des Beschlußsenats können Mitglieder des Reichsversicherungsamts (Landesversicherungsamts), die mit der Bearbeitung der Sache betraut sind, nach näherer Bestimmung der Verordnungen über das Verfahren (§ 35 Abs. 2, § 109 Abs. 1) zugezogen werden.

Im übrigen bestimmen diese Verordnungen, wer die Beschlußsachen zu erledigen hat.

[1] Eingefügt durch Abschn. A Art. 34 des Dritten Ges. über Änderungen in der Unfallversicherung v. 20. 12. 28 (RGBl. I S. 405, Amtl. Nachr. f. RV. S. 396), in Kraft seit 1. 7. 28.

Einführungsgesetz zur Reichsversicherungsordnung.

Art. 71,

Art. 71 ist durch nachstehenden Art. 3 des Gesetzes über Leistungen in der Invalidenversicherung vom 12. Juli 1929 (RGBl. I S. 135) mit Wirkung zum 1. Oktober 1929 abgeändert worden.

Art. 3. Anspruch auf Fürsorge nach dem Vierten Buche der Reichsversicherungsordnung haben vom 1. Oktober 1929 an auch die Hinterbliebenen solcher Versicherten, die am 1. Januar 1912 bereits verstorben oder die an diesem Tage im Sinne des § 5 Abs. 4 des Invalidenversicherungsgesetzes dauernd erwerbsunfähig waren und dann verstorben sind, ohne inzwischen die Erwerbsfähigkeit wieder erlangt zu haben[1, 2].

[1] Vgl. ferner Art. 4 und 5 des Ges. v. 12. 7. 29 s. oben in Anm. 2 zu § 1289.

[2] Hierzu nachstehende Ziffern I und II der Verordnung des RAM. zur Durchführung des Ges. über Leistungen in der Invalidenversicherung v. 17. 7. 29 (RGBl. I S. 135).

I. Zu Artikel 3 des Gesetzes vom 12. Juli 1929:

§ 1. Tatsachen, die zur Begründung des Versicherungsanspruchs nach Artikel 3 geeignet sind, aber nicht mehr festgestellt werden können, sind zu berücksichtigen, wenn sie glaubhaft gemacht werden.

Ist die Wartezeit erfüllt, aber nicht mehr festzustellen, wieviel Beiträge gültig entrichtet worden sind, so beträgt für den Fall des Artikel 3 der Gesamtsteigerungsbetrag bei Witwen- (Witwer-) Renten 24 Reichsmark, bei Waisenrenten 12 Reichsmark für das Jahr. Weist der Berechtigte nachträglich die Zahl der Beiträge nach, so ist der Steigerungsbetrag nach der Vorschrift des Gesetzes zu berechnen, wenn dies für den Berechtigten günstiger ist.

II. Zu den Artikeln 2, 3 des Gesetzes vom 12. Juli 1929:

§ 2. Soweit die Verteilung der gültig entrichteten Beiträge auf die Lohnklassen nicht mehr festzustellen ist, gilt für jede Beitragsmarke ein einheitlicher Steigerungsbetrag von 16 Reichspfennig. Weist der Berechtigte nachträglich die Verteilung der Beiträge auf die Lohnklassen nach, so ist der Steigerungsbetrag nach der Vorschrift des Gesetzes zu berechnen, wenn dies für den Berechtigten günstiger ist.

(Die Schlußvorschrift Ziffer IV s. oben in Anm. 2 zu § 1289.)

Zu § 98 der Verordnung über Geschäftsgang und Verfahren der Versicherungsämter und

§ 8 der Verordnung über Geschäftsgang und Verfahren der Oberversicherungsämter.

Verordnung des RAM. über Geschäftsberichte der Versicherungsämter und Oberversicherungsämter v. 17. 11. 28 (RGBl. I S. 391, Amtl. Nachr. f. RV. S. 368).

Anhänge.

Anhang 1.

Drittes Gesetz über Änderungen in der Unfallversicherung.

Vom 20. Dezember 1928
(RGBl. I S. 405, Amtl. Nachr. f. RV. S. 396.)

Abschnitt B.

Übergangsvorschriften.

Art. 35. Dieses Gesetz tritt mit Wirkung vom 1. Juli 1928 in Kraft.

Die Vorschrift des Artikel 10 gilt mit Wirkung vom 1. Januar 1929 für die Ansprüche auf Krankengeld aus der Unfallversicherung ohne Rücksicht auf den Zeitpunkt des Unfalls.

Die Artikel 20, 23 gelten mit Wirkung vom 1. Januar 1929 an. Sie gelten nicht für die Fälle, in denen vor dem 1. Januar 1929 weitere Beschwerde eingelegt ist.

Die Erklärung zum Versicherungsträger gemäß § 627a Abs. 3, § 628a der Reichsversicherungsordnung in der Fassung der Artikel 13 und 15 und die Zuteilung oder Vereinigung gemäß § 628b der Reichsversicherungsordnung in der Fassung des Artikel 15 kann bis zum 30. Juni 1929 auch mit Wirkung vom Inkrafttreten dieses Gesetzes an erfolgen.

Art. 36. Körperschaften, die vor dem Inkrafttreten dieses Gesetzes auf Grund des § 628 der Reichsversicherungsordnung oder entsprechender früherer Vorschriften für leistungsfähig erklärt sind, bleiben im bisherigen Umfang auch nach dem Inkrafttreten des Gesetzes Träger der Unfallversicherung. Es gelten für sie dann die Vorschriften des § 628 Abs. 2, 3 der Reichsversicherungsordnung in der Fassung des Artikel 14. Soweit die Körperschaften den Bedingungen des § 628 Abs. 1 neuer Fassung nicht entsprechen, kann die oberste Verwaltungsbehörde die Erklärung zum Versicherungsträger widerrufen. Dabei gilt § 627a Abs. 3 der Reichsversicherungsordnung in der Fassung des Artikel 13.

Art. 37. Die oberste Verwaltungsbehörde kann auch an Stelle des Landes Körperschaften, Stiftungen und Anstalten des öffentlichen Rechtes, die am 31. Dezember 1927 mit der Versorgung verunglückter Feuerwehrleute befaßt waren oder bis zu diesem Zeitpunkt Mittel für diese Zwecke aufgewendet haben, zu Trägern der Unfallversicherung für die Feuerwehren machen, die im Bereiche der Körperschaft, Stiftung oder Anstalt ihren Sitz haben. Dies gilt auch für Vereinigungen, die erst nach dem 31. Dezember 1927, spätestens aber bis zum 31. Dezember 1929, zu Körperschaften des öffentlichen Rechtes gemacht worden sind. § 896 in der Fassung des Artikel 26 gilt entsprechend.

Die Aufgaben auf dem Gebiete der Unfallverhütung und ihrer Überwachung verbleiben dem Lande.

Soweit die Mittel der Körperschaft, Stiftung oder Anstalt zur Deckung der Verbindlichkeiten aus der Unfallversicherung nicht ausreichen, haftet den Gläubigern das Land.

Wird die Körperschaft, Stiftung oder Anstalt aufgelöst, so wird das Land Versicherungsträger; die Rechte und Pflichten der Körperschaft, Stiftung oder Anstalt als Versicherungsträger gehen auf das Land über. § 627 Abs. 2, 3, §§ 628a und 896 der Reichsversicherungsordnung in der Fassung der Artikel 13, 15 und 26 bleiben unberührt.

Art. 38. Soweit nicht für die Unfallversicherung der Betriebe und Tätigkeiten, die erst dieses Gesetz der Unfallversicherung unterstellt, Körperschaften, Stiftungen oder Anstalten des öffentlichen Rechtes nach den Vorschriften der §§ 624 bis 628b der Reichsversicherungsordnung oder des Artikel 37 dieses Gesetzes Versicherungsträger sind, kann der Reichsarbeitsminister den Träger der Unfallversicherung bestimmen oder errichten und die Verfassung, die Aufbringung der Mittel und das Verfahren dabei regeln[1].

Vor der Errichtung oder Bestimmung der Versicherungsträger sind Vertreter der beteiligten Berufszweige sowie die beteiligten Berufsgenossenschaften zu hören. Wird eine neue Berufsgenossenschaft errichtet, so ist eine Versammlung einzuberufen, die über die Satzung beschließt[2]. Die Versammlung besteht aus Abgeordneten von Vereinigungen oder Vertretungen der beteiligten Berufszweige. Der Reichsarbeitsminister bezeichnet die Stellen, die Abgeordnete entsenden können, und bestimmt für jede Stelle die Zahl der Abgeordneten. Im übrigen finden die Artikel 46, 47 des Einführungsgesetzes zur Reichsversicherungsordnung entsprechende Anwendung.

[1] Verordnung des RAM. über Träger der Unfallversicherung v. 17. Mai 1929 (RGBl. I S. 104, Amtl. Nachr. f. RV. S. 252) — s. Anhang 2.

[2] Die neue Berufsgenossenschaft für Gesundheitsdienst und Wohlfahrtspflege ist am 28. 6. 29 errichtet worden.

Art. 39. Das Reichsversicherungsamt (Landesversicherungamt) bestimmt den Tag, bis zu welchem die Genossenschaften die Änderungen ihrer Satzungen zu beschließen haben, die durch dieses Gesetz und die zu seiner Ausführung erlassenen Vorschriften notwendig werden. Die Änderungen treten mit Wirkung vom 1. Juli 1928 in Kraft.

Kommt die Genossenschaft der Anordnung nicht rechtzeitig nach, so ändert das Reichsversicherungsamt (Landesversicherungsamt) die Satzung von Aufsichts wegen.

Art. 40. Für die Anmeldung[1] der Betriebe, die durch dieses Gesetz der Unfallversicherung neu unterstellt werden, und ihre Zuweisung zu den Versicherungsträgern sowie für die Übernahme der Rechte und Pflichten aus bestehenden Versicherungsverträgen gelten die Artikel 49 bis 53, 56, 57, 59 des Einführungsgesetzes zur Reichsversicherungsordnung entsprechend. Der Antrag auf Übernahme der Rechte und Pflichten aus einem Versicherungsvertrage muß bis zum 30. Juni 1929 gestellt werden.

Die Artikel 56, 57 gelten nicht, wenn die Verträge nach dem 31. Dezember 1927 geschlossen sind, es sei denn, daß innerhalb der Zeit vom 1. Januar 1928 bis 30. Juni 1928 eine stillschweigende Verlängerung stattgefunden hat.

[1] Bek. des RVA. über die Anmeldung unfallversicherungspflichtiger Betriebe und Tätigkeiten — nebst Anleitung hierzu — v. 7. 2. 29 (Amtl. Nachr. f. RV. S. 59).

Art. 41. Waren die Betriebe, die zu den erst in diesem Gesetze der Unfallversicherung unterstellten Betriebsgruppen gehören, oder Bestandteile solcher Betriebe bisher bei einem Träger der Unfallversicherung versichert und gehen sie infolge dieses Gesetzes oder der zu seiner Ausführung erlassenen Vorschriften mit Wirkung vom Inkrafttreten des Gesetzes in die Versicherung eines anderen Versicherungsträgers über, so können sich die beteiligten Versicherungsträger darüber einigen, ob und inwieweit der neue Versicherungsträger künftig die Entschädigungsansprüche aus früheren Unfällen zu befriedigen hat, und ob und inwieweit wegen der Aufwendungen aus jenen Unfällen eine Auseinandersetzung stattfindet. Einigen sie sich nicht, so können sie schiedsgerichtliche Entscheidung vereinbaren; sonst entscheidet auf Anrufen eines Teiles das Reichsversicherungsamt (Beschlußsenat) nach billigem Ermessen.

Reichen die beteiligten Versicherungsträger nicht über das Gebiet eines Landesversicherungsamts hinaus, so tritt dieses an die Stelle des Reichsversicherungsamts.

Art. 42. Vom 1. Januar 1929 an entscheiden bis auf weiteres an Stelle der Versicherungsbehörden berufsgenossenschaftliche Schiedsstellen[2], wenn es sich handelt um Streit zwischen Berufsgenossenschaften und Versicherungsgenossenschaften untereinander oder mit Unternehmern

1. bei Auseinandersetzung über das Vermögen (§§ 646, 673, 960, 969 der Reichsversicherungsordnung),
2. über die Zuweisung oder Zugehörigkeit eines Betriebs oder versicherter Tätigkeiten (§§ 660 bis 662, 667 bis 669, 967, 969 der Reichsversicherungsordnung),
3. darüber, welche Genossenschaft den Unfall zu entschädigen hat (§§ 1736, 1737 der Reichsversicherungsordnung) und
4. bei den Verteilungsverfahren (§§ 1740, 1741 der Reichsversicherungsordnung).

Das Reichsversicherungsamt schreibt das Nähere vor[1].

Mit dem 1. Januar 1929 gehen die bei den Oberversicherungsämtern anhängigen Verfahren über Streitigkeiten der im Abs. 1 Nr. 1, 2 bezeichneten Art und die bei dem Reichsversicherungsamt oder einem Landesversicherungsamt anhängigen Verfahren über Streitigkeiten der im Abs. 1 Nr. 3, 4 bezeichneten Art auf die berufsgenossenschaftlichen Schiedsstellen über. Hat in einem Verfahren über Streitigkeiten der im Abs. 1 Nr. 1, 2 bezeichneten Art das Oberversicherungsamt vor dem 1. Januar 1929 entschieden, so richtet sich das weitere Verfahren nach den Vorschriften der Reichsversicherungsordnung.

Die Vorschriften der Abs. 1 bis 3 gelten nicht, wenn streitig ist, welchem Zweige der Unfallversicherung ein Betrieb oder eine Tätigkeit zugehört oder ob die Ansprüche des Berechtigten sich nach den Vorschriften der gewerblichen, der landwirtschaftlichen oder der See-Unfallversicherung berechnen.

Der Reichsarbeitsminister bestimmt den Zeitpunkt, an dem diese Vorschriften außer Kraft treten.

[1] Bestimmungen des RVA. über berufsgenossenschaftliche Schiedsstellen v. 29. 1. 29 (Amtl. Nachr. f. RV. S. 57) — s. Anhang 3.

[2] Zwei Schiedsstellen sind errichtet:

a) Die Schiedsstelle beim Verband der Deutschen Berufsgenossenschaften (Bek. des RVA. v. 12. 4. 29, Amtl. Nachr. f. RV. S. 155);

b) Die Schiedsstelle beim Verband der deutschen landwirtschaftlichen Berufsgenossenschaften (Bek. des RVA. v. 4. 5. 29, Amtl. Nachr. f. RV. S. 218).

Art. 43. Bis zum 31. Dezember 1929 kann das Reichsversicherungsamt von Amts wegen durch grundsätzliche Entscheidungen feststellen, ob und welche Betriebe, Betriebsgruppen oder Personenkreise auf Grund dieses Gesetzes der Unfallversicherung unterliegen und welche Versicherungsträger für sie zuständig sind.

Anhang 2.

Verordnung über Träger der Unfallversicherung.

Vom 17. Mai 1929 (RGBl. I S. 104, Amtl. Nachr. f. RV. S. 252).

Auf Grund des Artikel 38 des Dritten Gesetzes über Änderungen in der Unfallversicherung vom 20. Dezember 1928 (Reichsgesetzbl. I S. 405) wird hiermit verordnet:

A. Bestimmung und Errichtung von Trägern der Unfallversicherung.

Die Zuständigkeit zur Versicherung der Betriebe und Tätigkeiten, die das Dritte Gesetz über Änderungen in der Unfallversicherung vom 20. Dezember 1928 (Reichsgesetzbl. I S. 405) der Unfallversicherung unterstellt, wird, soweit nicht Körperschaften, Stiftungen oder Anstalten des öffentlichen Rechtes nach den Vorschriften der §§ 624 bis 628b der Reichsversicherungsordnung und des Artikel 37 des Gesetzes vom 20. Dezember 1928 Versicherungsträger sind, wie folgt, geregelt:

I. Es wird eine Berufsgenossenschaft für Gesundheitsdienst und Wohlfahrtspflege errichtet. Ihr gehören an

a) die Betriebe und Tätigkeiten, die nach § 537 Abs. 1 Nr. 4b der Reichsversicherungsordnung der Unfallversicherung unterliegen,

b) die Laboratorien für medizinische Untersuchungen und Versuche (§ 537 Abs. 1 Nr. 4c der Reichsversicherungsordnung),

c) die Laboratorien für naturwissenschaftliche Untersuchungen und Versuche, die für Zwecke des Gesundheitsdienstes arbeiten (§ 537 Abs. 1 Nr. 4c der Reichsversicherungsordnung),

d) die Betriebe, die Röntgeneinrichtungen im Gesundheitsdienste verwenden (§ 538 Nr. 3a der Reichsversicherungsordnung).

II. Die Vorschrift zu I gilt nicht in den folgenden Fällen:

a) Soweit landwirtschaftliche Berufsgenossenschaften oder die See-Berufsgenossenschaft Unternehmer von Betrieben oder Tätigkeiten der zu I aufgeführten Art sind, werden sie auch dafür Träger der Unfallversicherung.

b) Ist ein Unternehmer eines bei einer Berufsgenossenschaft versicherten Betriebs oder die für einen solchen Betrieb errichtete Betriebskrankenkasse Unternehmer von Betrieben und Tätigkeiten der zu I aufgeführten Art, so ist die Berufsgenossenschaft, welcher der Betrieb angehört, auch für diese Betriebe und Tätigkeiten zuständig. Das gilt nicht, wenn jener Betrieb lediglich ein unwesentlicher Bestandteil des Unternehmens (z. B. der Betrieb eines Fahrstuhls, einer Sammelheizung) ist. Ist der Unternehmer Mitglied mehrerer Berufsgenossenschaften, so entscheidet bei Streit über die Zuteilung auf Anrufen eines Beteiligten das Reichsversicherungsamt (Landesversicherungsamt); an seine Stelle tritt, soweit Schiedsstellen nach Artikel 42 des Gesetzes vom 20. Dezember 1928 bestehen, eine berufsgenossenschaftliche Schiedsstelle in entsprechender Anwendung der Vorschrift des Artikel 42.

c) Ist für einen Betrieb, der bei einem Träger der Eigenversicherung versichert ist, eine Betriebskrankenkasse errichtet, und ist sie Unternehmer von Betrieben und Tätigkeiten der zu I aufgeführten Art, so kann der Träger der Eigenversicherung durch Erklärung gegenüber dem Reichsversicherungsamt auch die Unfallversicherung für diese Betriebe und Tätigkeiten übernehmen.

Die Erklärung kann bis zum 31. Dezember 1929 mit Wirkung vom 1. Juli 1928 abgegeben werden; spätere Erklärungen können mangels Vereinbarung mit der für Gesundheitsdienst und Wohlfahrtspflege errichteten Berufsgenossenschaft nur zum Beginn eines Geschäftsjahrs erfolgen. Eine Auseinandersetzung wegen früherer Unfälle findet nicht statt.

III. Die Versicherung von Apotheken (§ 537 Abs. 1 Nr. 2 der Reichsversicherungsordnung) bleibt unberührt, soweit sie nicht Bestandteile eines anderen Betriebs sind und dieser Betrieb zu den im § 537 Abs. 1 Nr. 4b der Reichsversicherungsordnung bezeichneten Betrieben gehört.

IV. Laboratorien (§ 537 Abs. 1 Nr. 4c der Reichsversicherungsordnung) und Röntgenbetriebe (§ 538 Nr. 3a der Reichsversicherungsordnung) anderer als der unter Ib bis d bezeichneten Arten sind bei den Berufsgenossenschaften versichert, deren Betrieben sie vorwiegend dienen; dienen sie nicht vorwiegend bestimmten Gewerbzweigen, so ist die Berufsgenossenschaft der chemischen Industrie zuständig.

V. a) Die nach § 537 Abs. 1 Nr. 4d der Reichsversicherungsordnung versicherten Betriebe (Schauspielunternehmungen usw.) und die Betriebe zur Bewachung von Betriebs- und Wohnstätten (§ 537 Abs. 1 Nr. 12 der Reichsversicherungsordnung) sind bei der auf Grund des § 629 Abs. 2 der Reichsversicherungsordnung errichteten Versicherungsgenossenschaft (Bekanntmachung vom 10. Oktober 1912, Zentralblatt für das Deutsche Reich S. 787) versichert, soweit nicht die folgenden Vorschriften Abweichendes bestimmen.

b) Versicherungsträger für Rundfunkgesellschaften, die im Besitz einer Verleihung der Deutschen Reichspost sind und eine Rundfunksendeanlage der Deutschen Reichspost benutzen, ist das Reich (Deutsche Reichspost).

c) Versicherungsträger für die Lichtspielbetriebe ist,
   1. soweit es sich um den Vertrieb von Lichtspielstreifen handelt, die Großhandels- und Lagerei-Berufsgenossenschaft,
   2. im übrigen die Berufsgenossenschaft der Feinmechanik und Elektrotechnik.

VI. Das Bedienen der Gäste in Gast- und Schankwirtschaften (§ 539a der Reichsversicherungsordnung) ist bei der Berufsgenossenschaft für den Einzelhandel versichert, wenn der Betrieb zur Behandlung und Handhabung der Ware bei dieser Berufsgenossenschaft versichert ist; sonst ist die Nahrungsmittel-Industrie-Berufsgenossenschaft für die Versicherung des Bedienens zuständig.

Werden für Zwecke eines vorwiegend auf die Beköstigung der Gäste gerichteten Unternehmens, bei dem das Bedienen der Gäste nach § 539a der Reichsversicherungsordnung versichert ist, auch Darbietungen der im § 537 Abs. 1 Nr. 4d der Reichsversicherungsordnung genannten Art gewährt, so unterliegen sie der Versicherung bei dem für das Bedienen der Gäste zuständigen Versicherungsträger.

VII. Der nach den §§ 539b, 922, 1049a der Reichsversicherungsordnung der Versicherung unterliegende kaufmännische und verwaltende Teil eines Unternehmens ist bei der Genossenschaft versichert, welcher der versicherte Betrieb angehört. Dient ein einheitlicher kaufmännischer oder verwaltender Teil des Unternehmens mehreren bei verschiedenen Genossenschaften versicherten Betrieben, so ist er bei der Genossenschaft versichert, welcher der überwiegende Betrieb angehört.

B. Verfassung und Aufbringung der Mittel.

I. a) Bei der Berufsgenossenschaft für Gesundheitsdienst und Wohlfahrtspflege werden Abteilungen errichtet für
   1. die Unternehmer, welche Mitglied der in der Deutschen Liga der freien Wohlfahrtspflege vereinigten Verbände sind,
   2. die bei der Berufsgenossenschaft versicherten Träger der sozialen Versicherung und Ersatzkassen der Krankenversicherung und Angestelltenversicherung sowie der Hauptausschuß für Arbeiterwohlfahrt und die ihm angehörenden Unternehmer,

3. die Ärzte sowie die ärztlich geleiteten Anstalten und Einrichtungen des Gesundheitsdienstes, soweit sie nicht in die erste oder zweite Abteilung gehören,
4. die Zahnärzte,
5. die Dentisten,
6. die Hebammen,
7. die übrigen Unternehmer.

b) Für diese Abteilungen gelten folgende Vorschriften:
1. Die Vorschriften der Gewerbe-Unfallversicherung über die Sektionen der Berufsgenossenschaften gelten, vorbehaltlich der folgenden Vorschriften, entsprechend.
2. Auf jede Abteilung werden durch den Genossenschaftsvorstand die Aufwendungen aus den Unfällen bei den Betrieben und Tätigkeiten gesondert umgelegt, deren Unternehmer der Abteilung angehören. Die Satzung bestimmt Näheres über die Umlegung der gemeinsamen Aufwendungen.
3. Für die Rentenlast aus Unfällen nach dem 30. Juni 1928 ist der Kapitalwert nach näherer Bestimmung des Reichsversicherungsamts aufzubringen.
4. Die Abteilung bringt die erforderlichen Mittel durch jährliche Beiträge der Unternehmer auf; die Beiträge werden nach der Kopfzahl der Versicherten berechnet, die regelmäßig in den versicherten Betrieben und Tätigkeiten tätig sind. Die Abteilung kann für bestimmte Arten von Betrieben und Tätigkeiten einen besonders berechneten Kopfbeitrag festsetzen. Die Beschlüsse sind in den ersten fünf Geschäftsjahren für jedes Jahr, später für je einen Zeitraum von fünf Jahren zu fassen. Das Reichsversicherungsamt kann vor Ablauf eines solchen Zeitraums eine Zwischenfestsetzung anordnen.
5. Die Abteilung kann mit Zustimmung des Genossenschaftsvorstandes auf Antrag der beteiligten Körperschaft oder Vereinigung zulassen, daß
   aa) eine Ärztekammer oder eine ähnliche Einrichtung, die Unternehmer der versicherten Betriebe und Tätigkeiten umfaßt oder vertritt, oder eine Vereinigung solcher Einrichtungen,
   bb) eine Körperschaft des öffentlichen Rechtes, die Unternehmer versicherter Betriebe und Tätigkeiten ist, oder eine Vereinigung solcher Körperschaften oder
   cc) eine Vereinigung von Unternehmern versicherter Be-

triebe und Tätigkeiten, in denen wenigstens zehntausend Versicherte tätig sind,

jährlich den Teil der Aufwendungen der Abteilung.

der nach dem Umlegungsmaßstab der Abteilung (Nr. 4) auf die von der Körperschaft, Einrichtung oder Vereinigung vertretenen Betriebe und Tätigkeiten entfällt,

oder

die Unfallast aus diesen Betrieben und Tätigkeiten und einen entsprechenden Teil der sonstigen Aufwendungen der Abteilung

aufbringt.

Eine Körperschaft, Einrichtung oder Vereinigung, die nach Abs. 1 an der Aufbringung der Mittel beteiligt worden ist, kann

den auf andere Unternehmer, die der Abteilung angehören, entfallenden Teil der Aufwendungen

oder

die Unfallast aus den Betrieben und Tätigkeiten dieser Unternehmer und den entsprechenden Teil der sonstigen Aufwendungen der Abteilung

mit übernehmen.

6. Die Beschlüsse zu 4. und 5. bedürfen der Genehmigung des Reichsversicherungsamts. Wird einem Beschlusse zu 4. die Genehmigung versagt und kommt in einer vom Reichsversicherungsamt festgesetzten Frist ein anderer Beschluß nicht zustande oder wird er nicht genehmigt, so erläßt das Reichsversicherungsamt die erforderlichen Bestimmungen.
7. Die Genehmigung der Beschlüsse zu 5. kann das Reichsversicherungsamt jederzeit mit Wirkung für die Zeit nach Ablauf des laufenden Geschäftsjahrs zurücknehmen.
8. Die Satzung kann mehrere Abteilungen auf ihren übereinstimmenden Beschluß vereinigen.

c) Die Satzung kann abweichend von den Vorschriften der Reichsversicherungsordnung regeln, wer zu den Organen der Berufsgenossenschaft wählen und gewählt werden kann. Sie kann auch bestimmen, daß in den Organen eine Körperschaft, Einrichtung oder Vereinigung, die an der Aufbringung der Mittel beteiligt ist, an die Stelle der Unternehmer tritt, die sie umfaßt oder vertritt.

II. a) Bei der Versicherungsgenossenschaft wird je eine Abteilung für die Reittier- und Fahrzeughaltungen, für die bei dieser

Genossenschaft versicherten Betriebe der Schauspielunternehmungen usw. (§ 537 Abs. 1 Nr. 4d der Reichsversicherungsordnung) und für die Betriebe zur Bewachung von Betriebs- und Wohnstätten (§ 537 Abs. 1 Nr. 12 der Reichsversicherungsordnung) errichtet.

b) Für diese Abteilungen gelten folgende Vorschriften:

1. Die Vorschriften der Gewerbe-Unfallversicherung über die Sektionen der Berufsgenossenschaften gelten, vorbehaltlich der folgenden Bestimmungen, entsprechend.

2. Auf jede Abteilung werden durch den Genossenschaftsvorstand die Aufwendungen aus den Unfällen bei den Betrieben und Tätigkeiten gesondert umgelegt, deren Unternehmer der Abteilung angehören. Die Satzung bestimmt Näheres über die Umlegung der gemeinsamen Aufwendungen.

c) In den Abteilungen für Schauspielunternehmungen usw. und für die Bewachungsbetriebe ist für die Rentenlast aus Unfällen nach dem 30. Juni 1928 der Kapitalwert nach näherer Bestimmung des Reichsversicherungsamts aufzubringen.

d) Für die Aufbringung der Mittel in der Abteilung für Schauspielunternehmungen usw. gelten die Vorschriften über die Aufbringung der Mittel und das Umlage- und Erhebungsverfahren bei den gewerblichen Berufsgenossenschaften entsprechend; die Vorschriften über die Rücklage gelten nicht. Die Satzung kann bestimmen, daß einheitliche Beiträge (§ 734 Abs. 2 der Reichsversicherungsordnung) auch für Betriebe zu entrichten sind, die regelmäßig höchstens zwanzig Versicherte beschäftigen.

e) Für die Abteilung für Bewachungsbetriebe gelten die Vorschriften zu B Ib 4 und 6 entsprechend.

III. Bei der für Gesundheitsdienst und Wohlfahrtspflege errichteten Berufsgenossenschaft und bei den Abteilungen der Versicherungsgenossenschaft für Schauspielunternehmungen usw. und Bewachungsbetriebe gilt als erstes Geschäftsjahr die Zeit vom 1. Juli 1928 bis zum 31. Dezember 1929.

IV. Die Vorstände der Genossenschaften können beschließen, daß bei der Umlage für das Jahr 1928 die durch das Gesetz vom 20. Dezember 1928 der Versicherung neu unterstellten Personen nicht zu berücksichtigen sind.

V. Soweit auf Grund des Gesetzes vom 20. Dezember 1928 oder dieser Verordnung Änderungen in Satzungen der Genossenschaften notwendig werden, kann das Reichsversicherungsamt (Landesversicherungsamt) bestimmen, daß an der die Änderung beschließenden Genossenschaftsversammlung Vertreter der neu der Unfallversicherung unterstellten Unternehmer teilnehmen. Es bezeichnet dann die Stellen, welche diese Vertreter entsenden können und bestimmt für jede Stelle die Zahl der Vertreter und, soweit nötig, der von ihnen zu führenden Stimmen.

Berlin, den 17. Mai 1929.

Der Reichsarbeitsminister.

Anhang 3.

Bestimmungen des Reichsversicherungsamts über berufsgenossenschaftliche Schiedsstellen nach Artikel 42 des Dritten Gesetzes über Änderungen in der Unfallversicherung vom 20. Dez. 1928 (Reichsgesetzbl. I. S. 405).

Vom 29. Januar 1929 (Amtl. Nachr. f. RV. Seite 57).

Auf Grund des Artikels 42 Abs. 2 des Dritten Gesetzes über Änderungen in der Unfallversicherung vom 20. Dezember 1928 wird bestimmt:

§ 1. Zur Entscheidung der im Artikel 42 des Dritten Gesetzes über Änderungen in der Unfallversicherung vom 20. Dezember 1928 (Reichsgesetzbl. I S. 405) bezeichneten Streitigkeiten errichten der Verband der Deutschen Berufsgenossenschaften E. V. in Berlin, Köthener Str. 37, und der Verband der deutschen landwirtschaftlichen Berufsgenossenschaften in Kassel, Hohenzollernstr. 44, je eine Schiedsstelle. Die erstere Schiedsstelle ist zuständig, soweit gewerbliche Berufsgenossenschaften, Versicherungsgenossenschaften und Unternehmer gewerblicher Betriebe oder versicherter Tätigkeiten in Frage kommen. Die Zuständigkeit der vom Verbande der deutschen landwirtschaftlichen Berufsgenossenschaften zu errichtenden Schiedsstelle ist für Streitigkeiten zwischen landwirtschaftlichen Berufsgenossenschaften untereinander oder mit Unternehmern landwirtschaftlicher Betriebe gegeben.

§ 2. Jede der beiden Schiedsstellen besteht aus einem vom Verbande zu bestimmenden Vorsitzenden und 2 oder 4 Beisitzern, die der Vorsitzende für jede Streitsache aus der von dem Verbande aufzustellenden ständigen Liste auswählt. Er teilt Namen, Stand und Wohnort der Beisitzer den Parteien mit.

Für den Vorsitzenden ist mindestens ein Stellvertreter zu bestimmen.

§ 3. Für die Ausschließung und Ablehnung der Mitglieder der

Schiedsstelle gelten die §§ 1641 bis 1645, 1648, 1789 der Reichsversicherungsordnung entsprechend.

Über die Ablehnung der Beisitzer entscheidet der Vorsitzende, über die Ablehnung des Vorsitzenden der stellvertretende Vorsitzende der Schiedsstelle und umgekehrt.

§ 4. Die Entscheidung des Versicherungsträgers soll in den Fällen, in denen nach bisherigem Rechte binnen einer bestimmten Frist eine Beschwerde gegeben war, darauf hinweisen, daß innerhalb dieser Frist die Entscheidung der Schiedsstelle angerufen werden kann.

§ 5. Die Schiedsstelle kann die Einleitung des Verfahrens von der Einzahlung eines angemessenen, vom Vorsitzenden festzusetzenden Vorschusses abhängig machen.

§ 6. Der Vorsitzende der Schiedsstelle bestimmt, ob eine mündliche Verhandlung stattfindet oder ob ohne mündliche Verhandlung entschieden wird. Im ersteren Falle sind die Parteien von Ort und Zeit der mündlichen Verhandlung zu benachrichtigen.

Im Einverständnis mit den Beisitzern der Schiedsstelle kann im schriftlichen Verfahren entschieden werden.

In jedem Falle ist den Parteien vor der Entscheidung Gelegenheit zur Äußerung zu geben.

§ 7. Die Schiedsstelle oder ein von ihr zu beauftragendes Mitglied kann Zeugen und Sachverständige, die freiwillig erscheinen, uneidlich vernehmen, auch den Augenschein einnehmen. § 1580 der Reichsversicherungsordnung gilt entsprechend.

§ 8. Die öffentlichen Behörden sind verpflichtet, den Schiedsstellen als Organen der Versicherungsträger gemäß den §§ 115 bis 117 der Reichsversicherungsordnung Rechtshilfe zu gewähren. Das gleiche gilt für die Versicherungsträger. Für die im Wege der Rechtshilfe erfolgende Vernehmung von Zeugen und Sachverständigen gelten die §§ 1571 bis 1579 der Reichsversicherungsordnung entsprechend.

§ 9. Die Entscheidung der Schiedsstelle ist endgültig. Sie ergeht mit einfacher Stimmenmehrheit. Sie ist zu begründen, zu unterschreiben und den Parteien zuzustellen. Die Unterschrift des Vorsitzenden genügt.

§ 10. In der Entscheidung ist der unterlegenen Partei eine Gebühr aufzuerlegen.

Außer dieser Gebühr hat die unterlegene Partei die im einzelnen Falle durch Beweiserhebung und dergleichen entstandenen besonderen Kosten zu erstatten. Diese Kosten werden, wenn sie nicht schon in der Entscheidung festgesetzt werden, durch den Vorsitzenden der Schiedsstelle festgesetzt.

Der durch die Gebühren und Kosten nach Abs. 1 und 2 nicht gedeckte Teil der gesamten durch die Schiedsstelle in einem Kalenderjahr entstandenen persönlichen und sachlichen Kosten kann nach Ablauf des Kalenderjahres von dem Verbande der Deutschen Berufsgenossenschaften und von dem Verbande der deutschen landwirtschaftlichen Berufsgenossenschaften je für seinen Geschäftsbereich auf die gebührenpflichtigen Berufsgenossenschaften nach einem von den Verbänden festzusetzenden Maßstabe ganz oder teilweise umgelegt werden.

§ 11. Die Schiedsstelle kann der unterlegenen Partei die Erstattung der dem Gegner erwachsenen, zur sachgemäßen Rechtsverfolgung notwendigen Kosten auferlegen.

§ 12. Die Gebühren und Kosten nach § 10 Abs. 1, 2 sowie die nach § 11 von der unterlegenen Partei dem Gegner zu erstattenden Kosten werden von der Schiedsstelle durch Vermittelung des Versicherungsamts wie Gemeindeabgaben beigetrieben.

§ 13. Jede Schiedsstelle sammelt ihre Entscheidungen und erstattet dem Reichsversicherungsamt nach Schluß eines jeden Kalenderjahres einen Geschäftsbericht.

Das Reichsversicherungsamt.
Abteilung für Unfallversicherung.

Anhang 4.

Zweite Verordnung über Ausdehnung der Unfallversicherung auf Berufskrankheiten.

Vom 11. Februar 1929 (RGBl. I S. 27, Amtl. Nachr. f. RV. S. 55).

Auf Grund der §§ 547, 922, 1057a der Reichsversicherungsordnung in der Fassung des Dritten Gesetzes über Änderungen in der Unfallversicherung vom 20. Dezember 1928 (Reichsgesetzbl. I S. 405) wird nach Zustimmung des Reichsrats hiermit verordnet:

§ 1. Berufskrankheiten im Sinne der Unfallversicherung sind die Krankheiten in Spalte II der Anlage, wenn sie durch berufliche Beschäftigung in einem in Spalte III der Anlage neben der Krankheit bezeichneten Betriebe verursacht sind.

§ 2. Was die Verordnung für Betriebe vorschreibt, gilt entsprechend für Tätigkeiten, die unter die Unfallversicherung fallen.

§ 3. Bei Anwendung der Vorschriften über die Unfallversicherung auf Berufskrankheiten steht der Körperverletzung durch Unfall die Erkrankung an einer Berufskrankheit und der Tötung durch Unfall der Tod infolge einer Berufskrankheit gleich.

Als Zeitpunkt des Unfalls gilt der Beginn der Krankheit im Sinne der Krankenversicherung oder, wenn dies für den Versicherten günstiger ist, der Beginn der Erwerbsunfähigkeit im Sinne der Unfallversicherung. Für die Anwendung der §§ 1546, 1547 der Reichsversicherungsordnung gilt als Zeitpunkt des Unfalls das Ende der Beschäftigung des Versicherten in dem der Versicherung unterliegenden Betriebe.

§ 4. Bei seemännischen Berufskrankheiten (Nr. 21 der Anlage) wird Entschädigung auch dann gewährt, wenn der Versicherte sich die Krankheit zugezogen hat, während er in eigener Sache an Land beurlaubt war. Das gilt nicht, wenn der Versicherte die Krankheit selbst verschuldet hat.

§ 5. Ist zu befürchten, daß eine Berufskrankheit entstehen, wiederentstehen oder sich verschlimmern wird, wenn der Versicherte weiter in einem Betriebe beschäftigt wird, welcher der Versicherung gegen die Krankheit unterliegt, so kann ihm der Versicherungsträger eine Übergangsrente bis zur Hälfte der Vollrente so lange gewähren, als er die Tätigkeit in solchem Betrieb unterläßt.

Die Rente wegen Erwerbsunfähigkeit ist neben der Übergangsrente zu gewähren.

§ 6. Die Vorschriften über die Unfallanzeige und die Unfalluntersuchung in der gewerblichen und landwirtschaftlichen Unfallversicherung (§§ 1552 bis 1567 der Reichsversicherungsordnung) gelten bei Berufskrankheiten mit folgenden Abweichungen:

An die Stelle der Ortspolizeibehörde tritt das Versicherungsamt des Betriebssitzes.

Das Versicherungsamt läßt jeden Erkrankten durch einen geeigneten Arzt auf Kosten des Versicherungsträgers untersuchen. Es befindet darüber, wieweit im übrigen eine Untersuchung stattfindet; es kann sie selbst vornehmen oder die Ortspolizeibehörde um die Vornahme ersuchen.

Für die See-Unfallversicherung kann das Reichsversicherungsamt das Verfahren bei der Unfallanzeige und der Unfalluntersuchung abweichend von den Vorschriften der §§ 1745 bis 1766 der Reichsversicherungsordnung regeln.

§ 7. Ein Arzt, der bei einem Versicherten eine Berufskrankheit oder Krankheitserscheinungen feststellt, die den begründeten Verdacht einer Berufskrankheit rechtfertigen, hat die Feststellung dem Versicherungsamt unverzüglich anzuzeigen. Das Reichsversicherungsamt stellt das Muster für die Anzeige fest.

Das Versicherungsamt kann gegen den Arzt nach Anhörung der zuständigen Ärztekammer eine Ordnungsstrafe in Geld festsetzen, wenn er die Anzeige nicht oder nicht rechtzeitig erstattet. Auf Beschwerde gegen die Festsetzung der Strafe entscheidet das Oberversicherungsamt endgültig.

Der Arzt hat gegen den Versicherungsträger Anspruch auf eine Gebühr für die Anzeige. Für die Höhe der Gebühr gilt § 80 Abs. 2 der Reichsgewerbeordnung.

Das Versicherungsamt übersendet binnen 24 Stunden dem Versicherungsträger eine Abschrift der Anzeige und nimmt die Untersuchung nach § 6 vor.

§ 8. Das Versicherungsamt übersendet eine Abschrift der Anzeige über die Erkrankung (§§ 6, 7) oder einen Auszug daraus dem beamteten Arzte und dem Gewerbeaufsichtsbeamten nach näherer Bestimmung der obersten Verwaltungsbehörde.

§ 9. Der Rekurs ist immer zulässig, wenn streitig ist, ob ein Krankheitszustand ganz oder teilweise Berufskrankheit im Sinne dieser Verordnung ist, oder wenn der Anspruch sonst dem Grunde nach streitig ist.

§ 10. Das Reichsversicherungsamt kann Bestimmungen zur Durchführung der Verordnung erlassen.

§ 11. Die Verordnung tritt mit Wirkung vom 1. Januar 1929 in Kraft. Mit dem gleichen Zeitpunkt tritt die Verordnung über Ausdehnung der Unfallversicherung auf gewerbliche Berufskrankheiten vom 12. Mai 1925 (Reichsgesetzbl. I S. 69) außer Kraft.

§ 12. Für eine Berufskrankheit, die beim Inkrafttreten dieser Verordnung bestand oder nachher entstand und die nicht ohnehin nach den vorangehenden Vorschriften oder auf Grund der Verordnung über Ausdehnung der Unfallversicherung auf gewerbliche Berufskrankheiten vom 12. Mai 1925 (Reichsgesetzbl. I S. 69) zu entschädigen ist, wird die Entschädigung nach dieser Verordnung gewährt, wenn die Krankheit wesentlich durch berufliche Beschäftigung nach dem 31. Dezember 1919 in einem Betriebe verursacht ist, der in Spalte III der Anlage neben der Krankheit bezeichnet ist.

Der Anspruch ist bei Vermeidung des Ausschlusses spätestens ein Jahr nach dem Inkrafttreten der Verordnung bei dem Versicherungsträger anzumelden, dem der Betrieb, dem die schädigende Einwirkung zugeschrieben wird, angehört. Die Frist wird auch gewahrt, wenn der Anspruch rechtzeitig bei einem anderen Träger der Unfallversicherung, bei einem Versicherungsamt oder bei dem Reichsversicherungsamt angemeldet wird. Der § 1547 der Reichsversicherungsordnung gilt entsprechend mit der Maßgabe, daß die Frist zur nachträglichen Anmeldung ein Jahr beträgt. Die Entschädigung wird frühestens vom Inkrafttreten dieser Verordnung an gewährt.

§ 13. Über den Anspruch nach dem § 12 hat der Versicherungsträger durch förmliche Feststellung zu entscheiden. Lehnt er ihn ab, so kann binnen einem Monat nach Zustellung des Bescheids der Senat für Berufskrankheiten bei dem Reichsversicherungsamt angerufen werden. Der § 128 Abs. 2 und die §§ 129, 131 bis 134 der Reichsversicherungsordnung gelten.

Dieser Senat besteht aus einem Vorsitzenden und aus je zwei Vertretern der Arbeitgeber und der Arbeitnehmer, einem Arzte und einem ständigen Mitglied des Reichsversicherungsamts als Mitgliedern. Den Vorsitzenden und das ständige Mitglied des Reichsversicherungsamts bestellt der Reichsarbeitsminister; der Arzt und die Vertreter der Arbeitgeber und der Arbeitnehmer werden von Fall zu Fall von dem Präsidenten des Reichsversicherungsamts bestellt, und zwar die Vertreter der Arbeitgeber und der Arbeitnehmer auf Grund von Vorschlagslisten, die der Vorläufige Reichswirtschaftsrat aufstellt. Die Vertreter der Arbeitgeber und der Arbeitnehmer sollen nach Möglichkeit dem Beruf angehören, in dem die zur Verhandlung stehende Berufskrankheit vorkommt. Im übrigen finden auf den Arzt und die Vertreter der Arbeitgeber und Arbeitnehmer die Vorschriften der Reichsversicherungsordnung über die nichtständigen Mitglieder des Reichsversicherungsamts, für die Vertreter der Arbeitgeber und Arbeitnehmer außerdem die Vorschriften der Reichsversicherungsordnung über die Vertreter der Arbeitgeber und Versicherten, die nichtständige Mitglieder des Reichsversicherungsamts sind, entsprechende Anwendung.

Für die Verhandlung und Entscheidung des Senats gelten die Vorschriften über den Rekurs in der Unfallversicherung. Der Senat kann sich darauf beschränken, über den Anspruch dem Grunde nach zu entscheiden. Diese Entscheidung ist für die Beteiligten und die Versicherungsbehörden bindend. Die weitere Feststellung der Entschädigung richtet sich nach den Vorschriften der Reichsversicherungsordnung.

Berlin, den 11. Februar 1929.

Der Reichsarbeitsminister.

Anlage

Lfde. Nr.	Berufskrankheit	Betriebe und Tätigkeiten
I	II	III
1	Erkrankungen durch Blei oder seine Verbindungen	Zu 1 bis 14: Betriebe und Tätigkeiten, die der Unfallversicherung unterliegen.
2	Erkrankungen durch Phosphor	
3	Erkrankungen durch Quecksilber oder seine Verbindungen	
4	Erkrankungen durch Arsen oder seine Verbindungen	
5	Erkrankungen durch Verbindungen des Mangans	
6	Erkrankungen durch Benzol oder seine Homologen Erkrankungen durch Nitro- und Amidoverbindungen der aromatischen Reihe	
7	Erkrankungen durch Schwefelkohlenstoff	
8	Erkrankungen durch Schwefelwasserstoff	
9	Erkrankungen durch Kohlenoxyd	
10	Erkrankungen durch Röntgenstrahlen und andere strahlende Energie	
11	Chronische und chronisch-rezidivierende Hauterkrankungen durch Galvanisierungsarbeiten	
12	Chronische und chronisch-rezidivierende Hauterkrankungen durch exotische Holzarten	
13	Chronische und chronisch-rezidivierende Hauterkrankungen durch Ruß, Paraffin, Teer, Anthrazen, Pech und verwandte Stoffe	
14	Erkrankungen der Muskeln, Knochen und Gelenke durch Arbeiten mit Preßluftwerkzeugen	
15	Erkrankungen der tieferen Luftwege und der Lunge durch Thomasschlackenmehl	Thomasschlackenmühlen, Düngemittelmischereien und Betriebe, die Thomasschlackenmehl befördern.

Lfde. Nr.	Berufskrankheit	Betriebe und Tätigkeiten
I	II	III
16	Schwere Staublungenerkrankungen (Silikose) .... Trifft eine schwere Staublungenerkrankung mit Lungentuberkulose zusammen, so gilt für die Entschädigung die Tuberkulose als Staublungenerkrankung.	a) Betriebe der Sandsteingewinnung, -bearbeitung und -verarbeitung, b) Metallschleifereien, c) Porzellanbetriebe, d) Betriebe des Bergbaues.
17	Schneeberger Lungenkrankheit	Betriebe des Erzbergbaues im Gebiete von Schneeberg (Freistaat Sachsen).
18	Durch Lärm verursachte Taubheit oder an Taubheit grenzende Schwerhörigkeit......................	Betriebe der Metallbearbeitung und -verarbeitung.
19	Grauer Star	Glas- und Eisenhütten, Metallschmelzereien.
20	Wurmkrankheit der Bergleute	Betriebe des Bergbaues.
21	Tropenkrankheiten, Fleckfieber, Skorbut...........................	Betriebe der Seeschiffahrt.
22	Infektionskrankheiten	Krankenhäuser, Heil- und Pflegeanstalten, Entbindungsheime und sonstige Anstalten, die Personen zur Kur und Pflege aufnehmen, ferner Einrichtungen und Tätigkeiten in der öffentlichen und freien Wohlfahrtspflege und im Gesundheitsdienste sowie Laboratorien für naturwissenschaftliche und medizinische Untersuchungen und Versuche.

Anhang 5.

Bestimmungen des Reichsversicherungsamts auf Grund der §§ 6, 7 und 10 der Zweiten Verordnung über Ausdehnung der Unfallversicherung auf Berufskrankheiten vom 11. Februar 1929 (Reichsgesetzblatt Teil I S. 27).

Vom 10. April 1929 (Amtl. Nachr. f. RV. S. 153).

§ 1. Der Betriebsunternehmer und der nach § 7 Abs. 1 der Verordnung zur Anzeige verpflichtete Arzt haben die Anzeigen auf Formblättern nach den beiliegenden Mustern A und B zu erstatten.

Die Muster sind nach Form, Farbe und Inhalt bindend. Ihre Größe beträgt 210 mal 297 mm; ihre Farbe ist hellgrün. Sie sind im Buchdruck herzustellen[1].

Die Formblätter für die ärztlichen Anzeigen werden den Ärzten von den Versicherungsämtern unentgeltlich abgegeben.

§ 2. Der nach § 7 Abs. 1 der Verordnung zur Anzeige verpflichtete Arzt hat dem Versicherungsamt mit der Anzeige die Rechnung über die Gebühr (§ 7 Abs. 3 der Verordnung) einzureichen. Das Versicherungsamt übersendet die Rechnung mit der Abschrift der Anzeige (§ 7 Abs. 4 der Verordnung) dem Träger der Unfallversicherung. Lehnt dieser die Zahlung ab, so kann der Arzt binnen einem Monat nach Zustellung des ablehnenden Bescheids die Entscheidung des Oberversicherungsamts anrufen. Das Oberversicherungsamt entscheidet endgültig.

§ 3. Das Versicherungsamt bucht die Kosten der Untersuchungen durch den geeigneten Arzt (§ 6 Abs. 3 der Verordnung) zu Lasten des erstattungspflichtigen Trägers der Unfallversicherung und stellt sie, falls nicht ein anderer Zeitpunkt vereinbart ist, am Schluß eines jeden Kalendervierteljahres für die einzelnen Versicherungsträger zusammen. Das Versicherungsamt übersendet diese Zusammenstellung nebst den Kassenbelegen dem verpflichteten Träger der Unfallversicherung mit der Aufforderung, die Kosten binnen einer bestimmten Frist postgeldfrei zu erstatten. Die Zusammenstellung gilt als Festsetzung der zu erstattenden Kosten.

---

[1]) Die Formblätter für die Anzeigen können von der Direktion der Reichsdruckerei, Berlin SW 68, Oranienstr. 91, bezogen werden.

Das Versicherungsamt kann die Kosten auch für den Einzelfall feststellen und einfordern.

Gegen die Festsetzung ist binnen einem Monat Beschwerde an das Oberversicherungsamt zulässig. Die Beschwerde ist beim Versicherungsamt einzulegen.

Das Versicherungsamt kann der Beschwerde abhelfen, wenn es sie für begründet hält; sonst legt es die Beschwerde mit einer gutachtlichen Äußerung dem Oberversicherungsamt vor. Dieses entscheidet endgültig.

§ 4. In den Fällen des § 2 Satz 4 und des § 3 Abs. 4 Satz 2 gilt § 1799 der Reichsversicherungsordnung entsprechend; an Stelle des Reichsversicherungsamts entscheidet das Landesversicherungsamt, wenn es in der Sache selbst zuständig ist.

§ 5. Die Versicherungsämter haben die ärztlichen Anzeigen, soweit sie Versicherte der vom Reich oder von einem Lande verwalteten Betriebe betreffen, unverzüglich der vorgesetzten Dienstbehörde dieser Betriebe oder der von ihr bezeichneten Stelle zu übersenden. Diese übersendet eine Abschrift der Anzeige oder einen Auszug daraus dem beamteten Arzte und dem Gewerbeaufsichtsbeamten nach näherer Bestimmung der obersten Verwaltungsbehörde (§ 8).

Diese Bestimmungen gelten für die Deutsche Reichsbahn-Gesellschaft entsprechend.

§ 6. Für die See-Unfallversicherung ergehen besondere Bestimmungen.

§ 7. Die Bekanntmachung vom 24. Juni 1925 über die Feststellung von Mustern für die Anzeigen des Unternehmers und des behandelnden Arztes nach §§ 7 und 8 der Verordnung über Ausdehnung der Unfallversicherung auf gewerbliche Berufskrankheiten vom 12. Mai 1925 (Deutscher Reichsanzeiger vom 1. Juli 1925) und die Bestimmungen vom 3. August 1926 zur Durchführung der Verordnung vom 12. Mai 1925 (Deutscher Reichsanzeiger vom 9. August 1926) werden aufgehoben.

Berlin, den 10. April 1929.

Das Reichsversicherungsamt,
Abteilung für Unfallversicherung.

Muster A.

Anzeige über eine Berufskrankheit in der gewerblichen und landwirtschaftlichen Unfallversicherung.

(§ 6 der Zweiten Verordnung über Ausdehnung der Unfallversicherung auf Berufskrankheiten vom 11. Februar 1929 — Reichsgesetzbl. I S. 27 —).

Berufsgenossenschaft: ....

Sektion: .... Vertrauensmann: ....

Betriebsunternehmer: ....
(Name, Stand, Firma, Betriebssitz
Ort, Straße und Hausnummer) ...... Mitgliedsschein-Nr. ....

Die Anzeige ist zu senden

a) an das Versicherungsamt des Betriebssitzes,
b) an die Berufsgenossenschaft (Genossenschafts-, Sektionsvorstand, Vertrauensmann).

Zur Beachtung.

Durch die Verordnung vom 11. Februar 1929 sind die in der Anlage der Verordnung aufgeführten Krankheiten als Berufskrankheiten im Sinne der Unfallversicherung bezeichnet worden.

Der Betriebsunternehmer hat jede in seinem Betrieb vorkommende, in der Anlage der Verordnung aufgeführte Berufskrankheit anzuzeigen, die den Erkrankten für mehr als drei Tage völlig oder teilweise arbeitsunfähig macht oder an der er gestorben ist,

1. bei dem Versicherungsamt des Betriebssitzes,
2. bei der durch die Satzung des Versicherungsträgers bestimmten Stelle.

Die Anzeige ist binnen drei Tagen zu erstatten, nachdem der Unternehmer die Erkrankung oder den Tod erfahren hat.

Für den Betriebsunternehmer kann der Leiter des Betriebs oder des Betriebsteils, in dem sich die Erkrankung ereignet hat, die Anzeige erstatten. Er ist dazu verpflichtet, wenn der Unternehmer abwesend oder verhindert ist. Hat der Unternehmer auf Grund des § 913 der Reichsversicherungsordnung seine gesetzlichen Pflichten auf Angestellte seines Betriebs übertragen, so müssen diese die Anzeige erstatten. Bei Unterlassung oder verspäteter Erstattung der Anzeige kann gegen den Verpflichteten eine Ordnungsstrafe in Geld verhängt werden.

Für jede erkrankte Person ist eine besondere Anzeige zu erstatten. Auch wenn die Berufskrankheit durch plötzliche Einwirkung (Unfall) entstanden ist, ist dies Formblatt, nicht die (gelbe) Unfallanzeige zu verwenden.

1. a) Krankheitserscheinungen (Angaben des Versicherten):	a) ....
b) Beginn der Erkrankung:	b) ..... (Wochentag), den..
2. a) Betrieb oder Tätigkeit (z. B. Anilinfabrik):	a) ....
b) Betriebsteil (z. B. Nitrierung), in dem der Erkrankte sich die Berufskrankheit zugezogen hat:	b) ....
3. a) Ruf- und Familienname, Beruf, Wohnort, Wohnung der erkrankten Person, bei Minderjährigen auch des gesetzlichen Vertreters (Vater, Mutter, Vormund):	a) ....
b) Tag, Monat, Jahr und Ort der Geburt:	b) geboren den .... 18../19.. in .... Kreis .... Amt ....
c) Ledig, verheiratet, verwitwet:	c) ....
4. a) Dauer der Beschäftigung in dem Betriebe (Tätigkeit):	a) von .... bis..... ....
b) Dauer der Beschäftigung in dem Betriebsteil (vgl. 2b), genaueste Angaben erforderlich:	b) von .... bis ....
c) Art der Beschäftigung:	c) ....
d) Ist der Erkrankte vor der Einstellung, während seiner Beschäftigung im Betriebe, laufend untersucht worden? Wann und von welchem Arzt?	d) ....
e) Frühere Beschäftigung ähnlicher Art:	e) ....
5. a) Ist der Erkrankte in einem Krankenhause untergebracht? in welchem? Oder wo befindet er sich? Zu Hause?	a) ....
b) Name, Wohnort, Wohnung } I. des zuerst zugezogenen Arztes, II. der weiterbehandelnden Ärzte:	b) I. .... II. ....

6. a) Welcher Krankenkasse gehört der Erkrankte an?	a) ....
b) Hatte er vor dem Eintritt der Erkrankung volle Arbeitskraft? Wenn nicht, weshalb nicht?	b) ....
c) Bezieht oder bezog er von einem Träger der reichsgesetzlichen Versicherung Leistungen wegen Krankheit, Invalidität, Berufsunfähigkeit, Unfalls, einer Berufskrankheit oder Gebührnisse auf Grund der Versorgungsgesetze? Von welcher Stelle?	c) ....
7. Ruf- und Familienname, Stand, Wohnort, Wohnung der Personen, die über äußere Umstände bei Eintritt der Erkrankung Auskunft geben können:	....
8. a) Bemerkungen:	a) ....
b) Wenn die Anzeige zu spät erstattet wird, weshalb geschieht dies?	b) ....

(Ort) ...., den .... 19..

Name des die Anzeige erstattenden Unternehmers oder Betriebsleiters:

....

Muster B.

Ärztliche Anzeige über eine Berufskrankheit in der gewerblichen und landwirtschaftlichen Unfallversicherung.

(§ 7 der Zweiten Verordnung über Ausdehnung der Unfallversicherung auf Berufskrankheiten vom 11. Februar 1929 — Reichsgesetzbl. I S. 27 —).

Vorbemerkung.

Durch die Verordnung vom 11. Februar 1929 sind die in der folgenden Liste aufgeführten Krankheiten als Berufskrankheiten im Sinne der Unfallversicherung bezeichnet worden. Nach § 7 der Verordnung hat ein Arzt, der bei einem Versicherten eine Berufskrankheit oder Krankheitserscheinungen feststellt, die den begründeten Verdacht einer Berufskrankheit rechtfertigen, diese Feststellung dem Versicherungsamt unverzüglich anzuzeigen.

Anzuzeigen sind die in Spalte II der folgenden Liste aufgeführten Berufskrankheiten, wenn sie nach Ansicht des Arztes durch berufliche Beschäftigung in einem in Spalte III neben der Krankheit bezeichneten Betriebe verursacht sind. Den Betrieben stehen die Tätigkeiten gleich, die der Unfallversicherung unterliegen. Die Anzeige ist auch dann zu erstatten, wenn die Berufskrankheit durch eine einmalige Schädigung entstanden ist.

Der Arzt hat gegen den Versicherungsträger Anspruch auf eine Gebühr für die Anzeige. Das Versicherungsamt kann gegen den Arzt nach Anhörung der zuständigen Ärztekammer eine Ordnungsstrafe in Geld festsetzen, wenn er die Anzeige nicht oder nicht rechtzeitig erstattet.

Liste der anzeigepflichtigen Berufskrankheiten.

Lfde. Nr.	Berufskrankheit	Betriebe und Tätigkeiten
I	II	III
1	Erkrankungen durch Blei oder seine Verbindungen	Zu 1 bis 14: Betriebe und Tätigkeiten, die der Unfallversicherung unterliegen
2	Erkrankungen durch Phosphor	
3	Erkrankungen durch Quecksilber oder seine Verbindungen	
4	Erkrankungen durch Arsen oder seine Verbindungen	
5	Erkrankungen durch Verbindungen des Mangans	
6	Erkrankungen durch Benzol oder seine Homologen	
	Erkrankungen durch Nitro- und Amidoverbindungen der aromatischen Reihe....................	
7	Erkrankungen durch Schwefelkohlenstoff	
8	Erkrankungen durch Schwefelwasserstoff	
9	Erkrankungen durch Kohlenoxyd....	
10	Erkrankungen durch Röntgenstrahlen und andere strahlende Energie....	
11	Chronische und chronisch-rezidivierende Hauterkrankungen durch Galvanisierungsarbeiten	
12	Chronische und chronisch-rezidivierende Hauterkrankungen durch exotische Holzarten	
13	Chronische und chronisch-rezidivierende Hauterkrankungen durch Ruß, Paraffin, Teer, Anthrazen, Pech und verwandte Stoffe......	
14	Erkrankungen der Muskeln, Knochen und Gelenke durch Arbeiten mit Preßluftwerkzeugen............	

Lfde. Nr.	Berufskrankheit	Betriebe und Tätigkeiten
I	II	III
15	Erkrankungen der tieferen Luftwege und der Lunge durch Thomasschlackenmehl	Thomasschlackenmühlen, Düngemittelmischereien und Betriebe, die Thomasschlackenmehl befördern.
16	Schwere Staublungenerkrankungen (Silikose) .... Trifft eine schwere Staublungenerkrankung mit Lungentuberkulose zusammen, so gilt für die Entschädigung die Tuberkulose als Staublungenerkrankung	a) Betriebe der Sandsteingewinnung, -bearbeitung und verarbeitung, b) Metallschleifereien, c) Porzellanbetriebe, d) Betriebe des Bergbaues.
17	Schneeberger Lungenkrankheit	Betriebe des Erzbergbaues im Gebiete von Schneeberg (Freistaat Sachsen).
18	Durch Lärm verursachte Taubheit oder an Taubheit grenzende Schwerhörigkeit	Betriebe der Metallbearbeitung und -verarbeitung.
19	Grauer Star	Glas- und Eisenhütten, Metallschmelzereien.
20	Wurmkrankheit der Bergleute	Betriebe des Bergbaues.
21	Infektionskrankheiten	Krankenhäuser, Heil- und Pflegeanstalten, Entbindungsheime und sonstige Anstalten, die Personen zur Kur und Pflege aufnehmen, ferner Einrichtungen und Tätigkeiten in der öffentlichen und freien Wohlfahrtspflege und im Gesundheitsdienste sowie Laboratorien für naturwissenschaftliche und medizinische Untersuchungen und Versuche.

1. Ruf- und Familienname[1]):	....
2. Wohnort und Anschrift:	....

[1]) Genaueste Ausfüllung wird dringend erbeten. Für die Fragen 1 bis 11 und 14 bis 15 sind auch die Angaben des Erkrankten oder seiner Angehörigen zu benutzen.

3. Gegenwärtiger Aufenthaltsort:	....
4. Geburtstag und -jahr	....
5. Familienstand:	....
6. Beschäftigt bei Betriebsteil: / Firma	....
7. Genaue Beschreibung der Beschäftigung (Angaben wie Arbeiter u. dgl. genügen nicht):	....
8. Dauer der Beschäftigung zu 7:	von .... bis ....
9. Frühere Beschäftigung ähnlicher Art (Firma, Ort):	....
10. Zeitpunkt a) der ersten ärztlichen Untersuchung: b) des Beginns der ärztlichen Behandlung: c) des Todes:	 a) .... b) .... c) ....
11. a) Arbeitsunfähig seit: b) Krankenhausbehandlung (Ort, seit wann?	a) .... b) ....
12. Kurzer Untersuchungsbefund (soweit erforderlich auch Untersuchung des Urins, Blutes usw.):	....
13. a) Welcher Krankheitszustand liegt vor? b) Auf welche charakteristischen Krankheitserscheinungen stützt sich diese Annahme?	a) .... b) ....
14. Handelt es sich um den Rückfall einer früheren gleichen oder ähnlichen Erkrankung?	....
15. Im Falle des Todes: Hat eine Leichenöffnung stattgefunden?	....
16. Bemerkungen:	....

(Ort) ...., den .... 19..

Unterschrift des Arztes

....

(Beidruck eines Namensstempels erwünscht)

An das Versicherungsamt ....

(Die Anzeige ist an das Versicherungsamt des Betriebssitzes zu erstatten.)

Anhang 6.

Verordnung über Krankenbehandlung und Berufsfürsorge in der Unfallversicherung.

Vom 14. November 1928 (RGBl. I S. 387, Amtl. Nachr. f. RV. S. 372).

Auf Grund der §§ 558g, 1770a der Reichsversicherungsordnung wird nach Zustimmung des Reichsrats hiermit verordnet:

Erster Abschnitt.

Krankenbehandlung.

§ 1. Die Krankenbehandlung wird so lange gewährt, als sie eine Besserung der Verletzungsfolgen oder eine Steigerung der Erwerbsfähigkeit erwarten läßt, oder so lange, als besondere Heilmaßnahmen erforderlich sind, um eine Verschlimmerung zu verhüten oder körperliche Beschwerden zu beheben. Die Vorschriften über die Pflege (§ 558c der Reichsversicherungsordnung) werden hierdurch nicht berührt.

§ 2. Für die Gewährung von Hilfsmitteln gelten neben den Vorschriften des § 558a und des § 558b Nr. 2 der Reichsversicherungsordnung die §§ 3 bis 17.

§ 3. (1) Beinersatzstücke werden bei der Erstausstattung in doppelter Zahl gewährt. Das zweite Stück braucht jedoch erst geliefert zu werden, wenn der Beinstumpf seine bleibende Form angenommen hat.

(2) Je nach den persönlichen und beruflichen Bedürfnissen des Verletzten ist ihm ein Kunstbein oder ein Stelzbein zu gewähren. Hat der Verletzte ein Stelzbein erhalten, so ist ihm auf Antrag als zweites Stück ein Kunstbein zu gewähren, wenn nicht die Rücksicht auf seine körperliche Beschaffenheit dem entgegensteht.

§ 4. (1) Orthopädische Schuhe werden bei der Erstausstattung in der Regel in doppelter Zahl gewährt, wenn sie voraussichtlich für längere Zeit erforderlich sind. Das zweite Stück braucht erst nach Erprobung des ersten geliefert zu werden.

(2) Bei der ersten Ausstattung ist zu jedem orthopädischen Schuh zu jedem Stelzbein ein Schuh für den nichtbeschädigten Fuß, zu jedem Kunstbein ein Paar Schuhe (käufliche Ladenstiefel) kostenlos mitzuliefern.

(3) Im übrigen ist der nichtbeschädigte Fuß nur dann zu versorgen (z. B. mit Einlagen, orthopädischen Schuhen usw.), wenn dies erforderlich ist, um die Unfallfolgen zu erleichtern oder eine Verschlimmerung zu verhüten.

§ 5. (1) Zahnersatz wird in der Regel in einfacher Form (Plattenersatz) und aus einfachen gebräuchlichen Stoffen gewährt.

(2) Brückenersatz oder Ersatz aus Edelmetall ist dann zu gewähren, wenn besondere Umstände, z. B. Kieferverletzungen, es erfordern.

§ 6. Anspruch auf Selbstfahrer oder Krankenfahrstühle haben Verletzte nur, wenn auf andere Weise infolge ihrer Verletzung — auch nach orthopädischem Ausgleich — auf die Dauer eine genügende Gehfähigkeit nicht erreicht werden kann. Die Gewährung von Selbstfahrern setzt neben einer für deren Bedienung ausreichenden allgemeinen körperlichen und geistigen Leistungsfähigkeit die Gebrauchsfähigkeit mindestens einer Hand voraus. Selbstfahrer oder Krankenfahrstühle werden in einfacher, aber gediegener Ausführung mit erforderlichem Zubehör (Lederdecke, Luftpumpe, Klingel, Laterne, Schloß) geliefert. Notwendige Aufwendungen, die dem Verletzten durch die Unterbringung des Hilfsmittels erwachsen, sind ihm von dem Versicherungsträger zu ersetzen.

§ 7. Sind an Liegestühlen, Sitzstühlen, Fahrrädern und ähnlichen Gegenständen Änderungen erforderlich, um die Unfallfolgen zu erleichtern oder die Heilwirkung zu verbessern, so hat der Versicherungsträger dem Verletzten die hierdurch entstehenden notwendigen Kosten zu ersetzen.

§ 8. (1) Blindenführhunde nebst Hundegeschirr werden auf Antrag gewährt, wenn die persönlichen oder beruflichen Verhältnisse des Verletzten es angezeigt erscheinen lassen und er sich einer angeordneten Ausbildung unterzieht.

(2) Bei grobem Mißbrauch, grober Vernachlässigung und grober Mißhandlung oder wenn die persönlichen oder beruflichen Verhältnisse des Verletzten die Weitergewährung nicht angezeigt erscheinen lassen, kann der Führhund entzogen werden.

(3) Der Hund ist mit Geschirr zurückzugeben, wenn er für seinen Zweck dauernd unbrauchbar geworden ist oder wenn der Verletzte stirbt. Beim Tode des Hundes ist das Geschirr zurückzugeben.

§ 9. (1) Die Hilfsmittel werden in dauerhafter Ausführung und Ausstattung gewährt und müssen den persönlichen und beruflichen Bedürfnissen des Verletzten angepaßt sein.

(2) Wünscht der Verletzte eine besonders kostspielige Ausführung oder Ausstattung, die durch die Bedürfnisse seines Berufs nicht gerechtfertigt wird, so hat er die Mehrkosten dafür selbst zu tragen.

§ 10. Die Hilfsmittel werden, soweit nicht etwas anderes bestimmt ist, kostenfrei geliefert.

§ 11. An wertvollen Hilfsmitteln kann sich der Versicherungsträger das Eigentum vorbehalten.

§ 12. (1) Die Hilfsmittel werden instand gesetzt oder ersetzt, wenn sie schadhaft oder unbrauchbar geworden oder verlorengegangen sind.

(2) Hat der Verletzte durch Mißbrauch, Vorsatz oder grobe Fahrlässigkeit die Beschädigung, Unbrauchbarkeit oder den Verlust des Hilfsmittels herbeigeführt, so verliert er den Anspruch auf Instandsetzung oder Ersatz für die Zeit, für welche das Hilfsmittel noch hätte gebraucht werden können. Im Wiederholungsfalle kann das Hilfsmittel auf längere Zeit versagt werden.

§ 13. (1) Die Kosten für Instandhaltung des dem Verletzten gelieferten Schuhwerkes fallen dem Versicherungsträger nur zur Last, soweit es sich um eine durch die Unfallfolgen verursachte außergewöhnliche Abnutzung oder um Schäden an dem orthopädischen Teile des Schuhes handelt.

(2) Muß der Schuh für den nichtbeschädigten Fuß ersetzt werden, so hat der Versicherungsträger dem Verletzten auf Antrag einen Ersatzschuh gegen Erstattung eines Kostenanteils von einem Viertel der Herstellungskosten für ein Paar Normalmaßschuhe zu gewähren. Bedürftigen Verletzten kann die Zahlung ganz oder teilweise erlassen werden.

(3) Der Ersatz der mit einem Kunstbein gelieferten Schuhe (§ 4 Abs. 2) fällt dem Verletzten zur Last.

§ 14. Hat der Verletzte sich Hilfsmittel selbst beschafft oder instand setzen lassen, so kann der Versicherungsträger die Erstattung der Kosten ablehnen, soweit die Beschaffung und Instandsetzung durch den Verletzten nicht aus besonderen Gründen geboten war oder die Kosten übersteigt, die bei der Ausführung durch den Versicherungsträger entstanden wären.

§ 15. Die Kosten für das Halten des Führhundes sind dem Verletzten in Pauschsätzen, die den örtlichen Verhältnissen angemessen sind, zu ersetzen. Die Beträge, die nach § 7 Abs. 4 des Reichsversorgungsgesetzes für den Unterhalt der Führhunde vorgesehen sind, gelten hierbei als Richtsatz. Kosten für Arznei und Verbandmittel sowie für tierärztliche Behandlung werden daneben in notwendigem Umfang erstattet.

§ 16. Wird durch den Gebrauch von Hilfsmitteln ein nicht nur unerheblicher Mehrverschleiß an Kleidern, Wäsche oder Schuhwerk verursacht, so ist dieser Schaden angemessen zu ersetzen.

§ 17. Hat der Verletzte bei Verlust oder Beschädigung eines Hilfsmittels Ersatzansprüche gegen Dritte, so braucht der Versicherungsträger die Kosten für Instandsetzung oder Ersatz nur gegen Abtretung der Ansprüche zu übernehmen.

Zweiter Abschnitt.

Berufsfürsorge.

§ 18. (1) Die berufliche Ausbildung (§ 558f Abs. 1 Nr. 1 der Reichsversicherungsordnung) wird unter der Voraussetzung der Eignung und eifrigen Arbeit des Verletzten innerhalb der Höchstdauer eines Jahres bis zur Erreichung ihres Zieles gewährt. In geeigneten Fällen kann sie der Versicherungsträger über diesen Zeitpunkt hinaus ausdehnen.

(2) Während der Ausbildung hat der Versicherungsträger dem Verletzten die Kosten des notwendigen Unterhalts für ihn und seine Angehörigen zu gewähren, soweit der Verletzte den Unterhalt aus seinem laufenden Einkommen nicht tragen kann. Als Angehörige in diesem Sinne gelten Personen, denen im Falle der Heilanstaltspflege nach § 559e Abs. 2 der Reichsversicherungsordnung Familiengeld zustehen würde.

§ 19. Hilfe zur Erlangung einer Arbeitstelle (§ 558f Abs. 1 Nr. 2 der Reichsversicherungsordnung) wird gewährt,

1. wenn der Verletzte infolge des Unfalls seine Arbeitstelle aufgeben muß oder
2. wenn er aus anderem Grunde erwerbslos wird, ihm aber die Erlangung einer neuen geeigneten Arbeitstelle durch die Folgen des Unfalls erschwert ist, es sei denn, daß er seine bisherige Arbeitstelle ohne hinreichenden Grund aufgegeben oder durch selbstverschuldete fristlose Entlassung verloren hat.

§ 20. (1) Berufliche Ausbildung (§ 18) soll in der Regel nur auf Grund einer Berufsberatung gewährt werden.

(2) Soweit erforderlich, soll auch bei der Hilfe zur Erlangung einer Arbeitstelle (§ 19) eine Berufs- oder Arbeitsberatung erfolgen.

(3) Der Versicherungsträger soll für die Berufs- und Arbeitsberatung in der Regel die öffentliche Berufsberatung beim Arbeitsamt in Anspruch nehmen.

(4) Übt der Versicherungsträger die Berufs- oder Arbeitsberatung selbst aus, so sollen die öffentliche Berufsberatung und, wenn nötig, Sachverständige aus den in Frage kommenden Berufszweigen, ärztliche Sachverständige sowie Vertreter der Fürsorgestelle (§ 3 der Verordnung über die Fürsorgepflicht vom 13. Februar 1924 — Reichsgesetzbl. I S. 100 —) oder, falls sich am Sitze des Versicherungsträgers eine Hauptfürsorgestelle für Kriegs-

beschädigte und Kriegshinterbliebene befindet, Vertreter dieser Stelle herangezogen werden.

§ 21. (1) Haben Verletzte eine Arbeitstelle angenommen, in der sie vollen Verdienst erst erreichen können, wenn sie die erforderliche Fertigkeit erlangt haben, so kann ihnen der Versicherungsträger für die Übergangszeit einen Zuschuß zum Arbeitsentgelt (Anlernzuschuß) gewähren.

(2) Der Versicherungsträger kann ferner Verletzten Zuschüsse oder Darlehen zur Beschaffung einer Arbeitsausrüstung gewähren, soweit dies nach Lage des Falles erforderlich ist.

§ 22. Der Versicherungsträger kann die berufliche Ausbildung selbst durchführen oder den Verletzten der Hauptfürsorgestelle überweisen.

§ 23. (1) Der Versicherungsträger soll versuchen, dem Verletzten eine Arbeitstelle in einem Betriebe zu verschaffen, für den er Träger der Unfallversicherung ist.

(2) Für die Arbeitsvermittlung Verletzter, die nicht zu den Schwerbeschädigten im Sinne des § 3 des Gesetzes über die Beschäftigung Schwerbeschädigter (Reichsgesetzbl. 1923 I S. 57) gehören, ist das Arbeitsamt in Anspruch zu nehmen, sofern der Verletzte sich nicht schon selbst bei ihm hat eintragen lassen.

(3) Für die Arbeitsvermittlung Verletzter, die Schwerbeschädigte oder den Schwerbeschädigten Gleichgestellte im Sinne der §§ 3 und 8 des Gesetzes über die Beschäftigung Schwerbeschädigter sind, kann der Versicherungsträger die Hauptfürsorgestelle in Anspruch nehmen. Er muß es tun, wenn der Verletzte nicht innerhalb von acht Wochen in einer Arbeitstelle untergebracht ist. Ist ein Heilverfahren oder eine berufliche Ausbildung vorausgegangen, so läuft die Frist von acht Wochen erst vom Abschluß des Heilverfahrens oder der Beendigung der beruflichen Ausbildung ab.

(4) Sofern die Voraussetzungen des § 8 des Gesetzes über die Beschäftigung Schwerbeschädigter vorliegen, kann der Versicherungsträger für Minderbeschädigte die Gleichstellung mit den Schwerbeschädigten beantragen. Bei Ablehnung des Antrags kann auch der Versicherungsträger Beschwerde nach § 21 des Gesetzes über die Beschäftigung Schwerbeschädigter erheben.

(5) Ist ein Verletzter der Hauptfürsorgestelle zur beruflichen Ausbildung überwiesen, so führt die Hauptfürsorgestelle ohne weiteres auch die Arbeitsvermittlung für ihn durch.

(6) Lehnt der Versicherungsträger die Hilfe zur Erlangung einer Arbeitstelle ab, weil der Verletzte seine bisherige Arbeitstelle ohne hinreichenden Grund aufgegeben oder durch selbstverschuldete frist-

lose Entlassung verloren hat (§ 19 Nr. 2), so soll er den Verletzten dem Arbeitsamt (Abs. 2) oder der Hauptfürsorgestelle (Abs. 3 Satz 1) melden.

§ 24. (1) Wenn die Hauptfürsorgestelle die Berufsfürsorge nach § 22, § 23 Abs. 3, 5 durchführt, erhält sie für ihre besonderen Aufwendungen, die durch Berufsberatung, berufliche Ausbildung oder Arbeitsvermittlung entstehen, Ersatz vom Versicherungsträger. Allgemeine Verwaltungskosten der Hauptfürsorgestelle werden nicht erstattet.

(2) Der Versicherungsträger hat in diesen Fällen der Hauptfürsorgestelle bei Beginn der Fürsorgemaßnahmen auf Verlangen einen entsprechenden Vorschuß zu leisten.

§ 25. Für das Verfahren über Berufsfürsorge gelten die Vorschriften über die Feststellung der Leistungen in der Unfallversicherung, soweit nicht die §§ 26 bis 30 anderes vorschreiben.

§ 26. (1) Der Versicherungsträger soll, bevor er die berufliche Ausbildung eines Schwerbeschädigten (§ 3 des Gesetzes über die Beschäftigung Schwerbeschädigter) durch Bescheid ablehnt, ein Gutachten der Hauptfürsorgestelle einholen, es sei denn, daß der Anspruch offenbar unbegründet ist.

(2) Das gleiche gilt für Verletzte, die den Schwerbeschädigten gleichgestellt sind (§ 8 des Gesetzes über die Beschäftigung Schwerbeschädigter).

(3) Die Hauptfürsorgestelle hat Anspruch auf Ersatz ihrer baren Auslagen.

§ 27. Der Vorsitzende des Oberversicherungsamts soll nach Möglichkeit auf eine gütliche Einigung hinwirken. Er kann die Parteien zu einer besonderen Güteverhandlung mit oder ohne Zuziehung von Beisitzern laden und dazu das persönliche Erscheinen des Verletzten anordnen. Dafür gilt § 1669 der Reichsversicherungsordnung entsprechend.

§ 28. Der Rekurs ist zulässig, wenn es sich um berufliche Ausbildung (§ 558f Abs. 1 Nr. 1 der Reichsversicherungsordnung) handelt.

§ 29. (1) Für Schwer- und Minderbeschädigte (§§ 3 und 8 des Gesetzes über die Beschäftigung Schwerbeschädigter) kann die Hauptfürsorgestelle die Feststellung der Berufsfürsorgeleistungen betreiben, auch Rechtsmittel einlegen. Der Ablauf von Fristen, die ohne ihr Verschulden verstrichen sind, wirkt nicht gegen sie. Dies gilt nicht für Verfahrensfristen, soweit die Hauptfürsorgestelle das Verfahren selbst betreibt.

(2) Lehnt der Versicherungsträger die Berufsfürsorge für einen Schwer- oder Minderbeschädigten ganz oder teilweise ab, so kann die Hauptfürsorgestelle dem Verletzten vorläufig Berufsfürsorge gewähren. Der Versicherungsträger hat ihr deren Kosten nach Maßgabe des § 24 Abs. 1 zu ersetzen, soweit im Feststellungsverfahren der Anspruch auf Berufsfürsorge zuerkannt wird.

§ 30. (1) Der Versicherungsträger hat der Hauptfürsorgestelle alle Schwerverletzten (§ 559b Abs. 1 Satz 1 der Reichsversicherungsordnung), für die eine Rente festgestellt wird, mitzuteilen. Ausgenommen sind die Fälle, in denen eine Verletztenrente von fünfzig oder mehr vom Hundert der Vollrente nur für eine zurückliegende Zeit festgestellt wird. In der Mitteilung ist anzugeben,

in welchem Betriebe sich der Unfall ereignet hat,

welche Tätigkeit der Verletzte vor dem Unfall in dem Betriebe gewöhnlich auszuüben hatte,

in welchem Betriebe und bei welcher Tätigkeit der Verletzte zur Zeit der Meldung beschäftigt ist und

ob Berufsfürsorge erforderlich erscheint.

Der Mitteilung ist eine Abschrift des Rentenbescheids beizufügen. Sie hat unverzüglich nach Erteilung des Rentenbescheids (§ 1583 der Reichsversicherungsordnung) zu erfolgen, jedoch nicht eher, als Maßnahmen der Heilbehandlung, die eine Arbeitsbetätigung ganz oder teilweise ausschließen, beendet sind. Sofern bald mit einer Herabsetzung der Rente zu rechnen ist, ist dies gleichfalls der Hauptfürsorgestelle mitzuteilen.

(2) Wird in einem hiernach der Hauptfürsorgestelle mitgeteilten Falle eine Rente unter fünfzig vom Hundert der Vollrente herabgesetzt, so zeigt der Versicherungsträger dies der Hauptfürsorgestelle an.

(3) Schwerverletzte, für welche die Rente vor dem Inkrafttreten dieser Verordnung festgesetzt worden ist, sind der Hauptfürsorgestelle mitzuteilen, wenn dem Versicherungsträger bekannt wird, daß sie infolge des Unfalls erwerbslos sind, und zwar spätestens 8 Wochen nach dem Bekanntwerden.

(4) Das Reichsversicherungsamt kann Muster für die Mitteilungen aufstellen.

(5) Die Fälle von Unternehmern und deren Ehegatten sind nur mitzuteilen, wenn sie Antrag auf Gewährung der Berufsfürsorge stellen.

§ 31. (1) Streit zwischen der Hauptfürsorgestelle und dem Versicherungsträger aus dieser Verordnung entscheidet das Oberversicherungsamt im Beschlußverfahren, und zwar endgültig. § 1799 der Reichsversicherungsordnung gilt.

(2) Über einen Ersatzanspruch aus § 24 Abs. 1, § 26 Abs. 3, § 29 Abs. 2 entscheidet das Oberversicherungsamt (Spruchkammer) im Spruchverfahren. Gegen das Urteil der Spruchkammer ist die Revision zulässig.

(3) Zuständig ist das Oberversicherungsamt, in dessen Bezirke die Hauptfürsorgestelle ihren Sitz hat.

§ 32. Soweit die Aufgaben der Hauptfürsorgestellen für Kriegsbeschädigte und Kriegshinterbliebene auf Grund des § 27 des Gesetzes über die Beschäftigung Schwerbeschädigter (Reichsgesetzbl. 1923 I S. 57) in der Fassung des § 33 der Verordnung über die Fürsorgepflicht vom 13. Februar 1924 (Reichsgesetzbl. I S. 100) anderen Behörden übertragen worden sind, treten diese an die Stelle der Hauptfürsorgestellen. Die Fürsorgestellen (§ 3 der Verordnung über die Fürsorgepflicht vom 13. Februar 1924) treten an die Stelle der Hauptfürsorgestellen, soweit ihnen die Durchführung des Schwerbeschädigtengesetzes übertragen worden ist.

Dritter Abschnitt.

Durchführung von Krankenbehandlung und Berufsfürsorge.

§ 33. (1) Die Versicherungsträger müssen alle Maßnahmen treffen und Einrichtungen schaffen, durch die eine möglichst bald nach dem Unfall einsetzende, schnelle und sachgemäße Durchführung der Krankenbehandlung, insbesondere auch, soweit nötig, eine fachärztliche oder besondere unfallmedizinische Versorgung gewährleistet wird. Entsprechendes gilt für die Durchführung der Berufsfürsorge.

(2) Soweit die Durchführung einer diesen Erfordernissen entsprechenden Versorgung der Unfallverletzten durch die öffentliche und freie Wohlfahrtspflege oder andere Stellen gewährleistet ist, sollen die Versicherungsträger schon aus Gründen der Wirtschaftlichkeit und Sparsamkeit von der Schaffung neuer eigener Einrichtungen absehen.

(3) Unbeschadet der gesetzlichen Verantwortlichkeit der Versicherungsträger für die Durchführung des Heilverfahrens sollen die Beziehungen zwischen den Versicherungsträgern und den sonstigen an der Durchführung des Heilverfahrens beteiligten Stellen durch Arbeitsgemeinschaften und den Abschluß von Abkommen geregelt werden.

§ 34. (1) Das Reichsversicherungsamt kann mehrere Berufsgenossenschaften und Versicherungsgenossenschaften anhalten, gemeinsame Maßnahmen oder Einrichtungen zur Durchführung von Krankenbehandlung und Berufsfürsorge zu treffen. Hierbei gelten die Vorschriften des § 33 Abs. 2 entsprechend. Kommen die Maßnahmen oder Einrichtungen nicht in der von ihm bestimmten Frist zustande, so kann es sie selbst treffen und die Kosten auf die beteiligten Versicherungsträger umlegen. Über die Umlage bestimmt es dann Näheres.

(2) Soweit Versicherungsträger beteiligt werden sollen, die der Aufsicht eines Landesversicherungsamts unterstehen, bedarf es der Zustimmung des Landesversicherungsamts.

(3) Werden durch die Anordnungen des Reichsversicherungsamts erhebliche Aufwendungen erforderlich, so entscheidet der Beschlußsenat.

§ 35. (1) Gegen einen Verletzten, der die nach § 558e der Reichsversicherungsordnung erlassene Krankenordnung übertritt, kann der Vorsitzende des Vorstandes der Genossenschaft oder die Ausführungsbehörde für jeden Übertretungsfall Ordnungsstrafe in Geld bis zu 20 Reichsmark festsetzen. Bei der Festsetzung muß mindestens ein Vertreter der Versicherten beteiligt sein. Bei Meinungsverschiedenheiten des Vorsitzenden und des Versichertenvertreters entscheidet der Vorstand oder ein Ausschuß des Vorstandes unter Zuziehung eines Versichertenvertreters.

(2) Auf Beschwerde entscheidet das Versicherungsamt endgültig.

§ 36. Die Verordnung tritt mit dem 1. Dezember 1928 in Kraft.

§ 37. Die ersten beiden Abschnitte der Verordnung gelten mit Wirkung vom 1. Januar 1928 an ohne Rücksicht auf den Zeitpunkt des Unfalls. Soweit die Vorschriften dem Verletzten günstiger sind als das bisherige Recht, steht ihrer Anwendung die Rechtskraft einer früheren Entscheidung nicht entgegen; in diesem Falle ist auf Antrag für die Zeit nach dem 31. Dezember 1927 ein neuer Bescheid zu erteilen.

§ 38. Der § 35 gilt nicht für Übertretungen vor dem 1. Dezember 1928.

Berlin, den 14. November 1928.

Der Reichsarbeitsminister.

Anhang 7.

Achte Verordnung über die Versicherung der in der Kauffahrteiflotte, auf Kabeldampfern und Schulschiffen sowie in der Hochseefischereiflotte beschäftigten, nach dem Vierten Buche der Reichsversicherungsordnung versicherungspflichtigen Personen.

Vom 28. Dezember 1928
(RGBl. 1929 I S. 5, Amtl. Nachr. f. RV. 1929 S. 16).

Auf Grund des § 1245 Abs. 2 Satz 2 der Reichsversicherungsordnung wird hiermit verordnet:

§ 1. Es sind zu versichern:

Jungen in der Klein- und Großschiffahrt sowie auf Schleppern, Leichtern und Heringsloggern; Jungmänner und Halbmänner in der Kleinschiffahrt . . in Lohnklasse III,

Jungmänner und Halbmänner in der Großschiffahrt sowie auf Schleppern und Leichtern; Leichtmatrosen in der Kleinschiffahrt; Jüngste auf Heringsloggern . in Lohnklasse IV,

Leichtmatrosen in der Großschiffahrt, auf Schleppern und Leichtern und auf Fischdampfern; Leichtmatrosen als Köche auf Schleppern und Leichtern; Meßraumstewards auf Frachtdampfern; Älteste auf Heringsloggern . . . . in Lohnklasse V,

Vollmatrosen, Heizer und Motorbedienungsmannschaften in der Kleinschiffahrt; Kahnknechte; Kochsmaate; Meßraumstewards auf Passagierdampfern; Aufwäscher . . . . in Lohnklasse VI,

alle übrigen invalidenversicherungspflichtigen Personen . . . . in Lohnklasse VII.

Zur Kleinschiffahrt gehören Schiffe mit weniger als 100-Brutto-Registertons (ausgenommen Lustfahrzeuge und Passagierdampfer).

§ 2. Diese Verordnung tritt mit Wirkung vom 1. Januar 1929 in Kraft. Mit dem gleichen Tage treten die Bestimmungen der Siebenten Verordnung über die Versicherung der in der Kauffahrteiflotte, auf Kabeldampfern und Schulschiffen sowie in der Hochseefischereiflotte beschäftigten, nach dem Vierten Buche der Reichsversicherungsordnung versicherungspflichtigen Personen vom 4. Januar 1928 (Reichsgesetzbl. I S. 7) außer Kraft.

Berlin, den 28. Dezember 1928.

Der Reichsarbeitsminister.

Anhang 8.

Richtlinien über Gesundheitsfürsorge in der versicherten Bevölkerung.

Vom 27. Februar 1929 (RGBl. I S. 69, Amtl. Nachr. f. RV. S. 101).

Auf Grund des Abschnitts C des Gesetzes über Ausbau der Angestellten- und Invalidenversicherung und über Gesundheitsfürsorge in der Reichsversicherung vom 28. Juli 1925 (Reichsgesetzbl. I S. 157) erläßt die Reichsregierung nach Anhören der Spitzenverbände der Träger der Kranken-, Unfall- und Invalidenversicherung und der Ärzte, nach Anhören der Reichsversicherungsanstalt für Angestellte und der Reichsknappschaft, mit Zustimmung des Reichsrats und eines achtundzwanziggliedrigen Ausschusses des Reichstags die folgenden Richtlinien:

I. Teil.

Gesundheitsfürsorge.

§ 1. Die Gesundheitsfürsorge im Sinne dieser Richtlinien umfaßt allgemeine Maßnahmen und Maßnahmen im Einzelfalle zur Bekämpfung der Volkskrankheiten und zur Hebung der Volksgesundheit.

II. Teil.

Arbeitsgemeinschaften für Gesundheitsfürsorge.

§ 2. Zur Förderung der gemeinsamen Zwecke in der Gesundheitsfürsorge sollen sich die Versicherungsträger untereinander und mit den Trägern der öffentlichen und freien Wohlfahrtspflege, mit den staatlichen und kommunalen Gesundheitsbehörden, mit der Ärzteschaft und anderen beteiligten Stellen in Arbeitsgemeinschaften, Zweckverbänden oder ähnlichen Vereinigungen verbinden. Aufgabe der Arbeitsgemeinschaften ist das Zusammenwirken ihrer Mitglieder zur Erreichung einer umfassenden und planmäßigen, zusammenhängenden und möglichst wirksamen Gesundheitsfürsorge für die fürsorgebedürftige Bevölkerung, unbeschadet der besonderen Aufgaben, die den Gemeinschaftsmitgliedern nach Gesetz oder Satzung obliegen. Durch Arbeitsgemeinschaften werden die Ausgaben für unnötige Doppelleistungen vermieden und Mittel zur Steigerung der notwendigen Leistungen freigemacht; die Gesundheitsfürsorge im ganzen wird dadurch einfacher und wirtschaftlicher.

§ 3. Verfassung und Geschäftsführung, Arbeitsgebiet und Arbeitsweise, Aufbringung und Verwendung der Mittel regeln die Beteiligten durch Vereinbarung. Dabei wird auf das geschichtlich Gewordene und das örtliche Kräfteverhältnis die gebotene Rücksicht zu nehmen sein. Bestehende Arbeitsgemeinschaften sind zu fördern und auszubauen. Die Bildung einer Reichsarbeitsgemeinschaft ist anzustreben.

III. Teil.

Gesundheitsfürsorge für tuberkulöse und geschlechtskranke Versicherte.

§ 4. Die Gesundheitsfürsorge der Versicherungsträger bei der Bekämpfung der Tuberkulose und der Geschlechtskrankheiten in der versicherten Bevölkerung umfaßt Maßnahmen im Einzelfall und allgemeine Maßnahmen.

1. Abschnitt.

Gesundheitsfürsorge für tuberkulöse Versicherte.

a) Maßnahmen im Einzelfalle.

§ 5. Personenkreis.

(1) Versicherte im Sinne dieses Abschnitts sind die Personen, die gegen Krankheit, Invalidität oder Berufsunfähigkeit versichert sind.

(2) Als mitversichert gelten der Ehegatte und die Kinder, die Witwe (der Witwer) und die Waisen von Versicherten; dabei stehen den ehelichen Kindern die Angehörigen gleich, für die Kinderzuschüsse zu den Renten der Versicherten oder Waisenrenten bewilligt werden können.

(3) Zu den Versicherten gehören auch die Empfänger von Renten aus der Invaliden-, Angestellten- und knappschaftlichen Versicherung.

§ 6. Leistungen.

Aus der Versicherung kann ein Heilverfahren (Heilmaßnahme) oder eine sonstige die Gesundheit fördernde Fürsorge (Fürsorgemaßnahme) bewilligt werden.

§ 7. (1) Heilmaßnahmen sind:

1. ärztliche Behandlung, Versorgung mit Arznei und anderen Heilmitteln,
2. Kur und Verpflegung in einer Anstalt, insbesondere in einer Tuberkuloseheilstätte, in einem Tuberkulosekrankenhaus oder in einem allgemeinen Krankenhaus (Anstaltspflege),
3. Aufenthalt in einer Erholungsstätte, insbesondere einer Tages- oder Walderholungsstätte, in einem Genesungsheim oder einer sonstigen Einrichtung (Erholungsaufenthalt),
4. Gewährung von Hauspflege.

(2) Zu den Heilmaßnahmen gehört auch die Anwendung der Gasbrust und die Abgabe von Nahrungs- und Stärkungsmitteln.

§ 8. (1) Der Bewilligung von Heilmaßnahmen muß eine ärztliche Untersuchung vorangehen. Die Untersuchung muß, erforderlichenfalls durch einen Facharzt oder durch eine Beobachtung im Krankenhause, so gründlich durchgeführt werden, wie es zur Beurteilung der Krankheit und für die rechte Auswahl der Heilmaßnahmen erforderlich ist.

(2) Die Heilmaßnahmen müssen nach der Beschaffenheit des Krankheitsfalles notwendig und ausreichend sein. Hiernach bestimmen sich Art und Umfang, Beginn und Dauer. Der Heilerfolg wird davon abhängen, daß die Heilmaßnahmen rechtzeitig gewährt werden.

§ 9. (1) Bei der Gewährung von Anstaltspflege wird das folgende zu beachten sein:

(2) In Tuberkuloseheilstätten gehören tuberkulöse Lungenkranke mit ausgesprochenen Krankheitserscheinungen, wenn sie Aussicht auf Heilung oder wesentliche Besserung bieten, ferner tuberkulöse Lungenkranke mit der Gefahr rasch fortschreitender Verschlechterung, insbesondere Kranke mit sogenannten Frühentzündungen. Sie können auch in Tuberkulosekrankenhäusern untergebracht werden. In diese Krankenhäuser sowie in die Tuberkuloseabteilungen der allgemeinen Krankenhäuser oder in andere geeignete Anstalten wären auch nicht heilstättenfähige tuberkulöse Lungenkranke aufzunehmen.

(3) Handelt es sich nur um ruhende oder doch nicht zur Ausdehnung neigende Lungenveränderungen ohne ausgesprochene Krankheitserscheinungen, insbesondere nur um geringfügige Lungenspitzenveränderungen, so ist in der Regel von der Unterbringung in Tuberkuloseheilstätten oder -krankenhäusern abzusehen. Für die Behandlung genügt ein entsprechend bemessener, gegebenenfalls zu wiederholender Aufenthalt in einer Walderholungsstätte oder, falls keine Ansteckungsgefahr besteht, in einem Erholungsheim.

§ 10. Nach Beendigung der Anstaltspflege soll der Zustand des Kranken nach Maßgabe ärztlichen Rates weiterbeobachtet werden. Die erforderliche Nachbehandlung — zum Beispiel durch Nachfüllung einer Gasbrust — soll gewährt werden.

§ 11. Zur sonstigen Fürsorge (§ 6) gehört die Förderung von wirtschaftlichen Fürsorgemaßnahmen (§ 12) und von Maßnahmen zum Schutze der Angehörigen gegen Ansteckung (§ 13).

§ 12. Die wirtschaftlichen Fürsorgemaßnahmen können zum Gegenstande haben:

1. Verbesserung der Ernährung und Kleidung, Verbesserung, Beschaffung und Erhaltung der Wohnung und des Haus-

rats, Beschaffung von Betten, Entseuchung der Wohnung und andere Maßnahmen zur Umbildung der äußeren Verhältnisse, in denen der Tuberkulöse lebt und die seinen Zustand verschlimmern oder den Heilerfolg beeinträchtigen können,

2. die Berufsfürsorge, insbesondere die Förderung des Überganges zu einem anderen zuträglicheren Berufe, Beschaffung von Arbeitsgelegenheit und Arbeitsgeräten sowie ähnliche Maßnahmen.

§ 13. Zum Schutze gegen Ansteckung gehört die Beratung und Untersuchung der Angehörigen, mit denen der Tuberkulöse in häuslicher Gemeinschaft lebt, vor allem die regelmäßige Untersuchung der Kinder und Jugendlichen, soweit notwendig mittels Röntgenstrahlen. Bei Gefährdung oder Erkrankung sollen unter den allgemeinen Voraussetzungen die geeigneten Maßnahmen getroffen werden. Können heilstättenunfähige Lungenkranke mit offener Tuberkulose nicht in geeigneten Anstalten (§ 9) untergebracht werden, so wird anzustreben sein, daß andere eine ausreichende Abtrennung der Schwerkranken ermöglichende Einrichtungen und Vorkehrungen getroffen werden.

§ 14. Verfahren.

(1) Im Verhältnis der Krankenkassen zu den Versicherungsanstalten sorgen die Versicherungsanstalten für die Durchführung der Heilmaßnahmen und für die Förderung der Fürsorgemaßnahmen.

(2) Krankenkassen im Sinne der Richtlinien sind auch die Ersatzkassen (§ 503 ff. der Reichsversicherungsordnung). Versicherungsanstalten im Sinne der Richtlinien sind die Träger der Invaliden- und Angestelltenversicherung einschließlich der Ersatzkassen (§ 363 ff. des Angestelltenversicherungsgesetzes).

(3) Für eine planmäßige, zusammenhängende und möglichst wirksame Gesundheitsfürsorge werden sich die Versicherungsträger gegenseitig unterstützen.

§ 15. Die Krankenkassen treffen, soweit erforderlich in Vereinbarungen, Vorsorge dafür, daß ihnen die Kassenärzte, die (Tuberkulose-) Fürsorgestellen und die sonst berufenen Stellen die tuberkulösen Versicherten und Angehörigen von Versicherten unverzüglich bezeichnen. Der Mitteilung ist das Ergebnis der Untersuchung mit einer gutachtlichen Äußerung über die erforderlichen Maßnahmen beizufügen.

§ 16. (1) Die Krankenkassen ergänzen die Mitteilungen (§ 15) durch Angaben über das Versicherungsverhältnis, die (Tuberkulose-)

Fürsorgestelle und alle Umstände, die für die Entscheidung über Art und Umfang der Maßnahmen von Bedeutung sind.

(2) Soweit Versicherungsleistungen nur auf Antrag gewährt werden, soll der Berechtigte veranlaßt werden, den Antrag zu stellen und die erforderlichen Beweisstücke beizubringen.

(3) Die Kassen senden die Verhandlungen mit dem Antrag an die Versicherungsanstalt und benachrichtigen zugleich die (Tuberkulose-) Fürsorgestelle.

(4) Die örtliche Zuständigkeit der Versicherungsanstalten der Invalidenversicherung richtet sich nach den zwischen ihnen getroffenen Vereinbarungen.

§ 17. Die Versicherungsanstalten können mit den Krankenkassen, den (Tuberkulose-) Fürsorgestellen und den sonst berufenen Stellen ein Verfahren vereinbaren, das von den Richtlinien im § 14 Abs. 1, §§ 15, 16 abweicht. Dabei darf die Pflicht zur Benachrichtigung der (Tuberkulose-) Fürsorgestelle (§ 16 Abs. 3) nicht ausgeschlossen werden.

§ 18. Wenn (Tuberkulose-) Fürsorgestellen oder sonst berufene Stellen auf Grund einer Vereinbarung nach § 17 bei einer Versicherungsanstalt eine Heilmaßnahme der im § 7 Abs. 1 Nr. 2 und 3 bezeichneten Art anregen, so gilt § 16 Abs. 2 entsprechend. Sie teilen ihre Anregung zugleich der Krankenkasse mit.

§ 19. Werden Heil- oder Fürsorgemaßnahmen bei einer nicht zuständigen Versicherungsanstalt beantragt, so gibt sie den Antrag an die zuständige Anstalt ab.

20. (1) Die Versicherungsanstalten ermitteln, was noch zur Klärung des Sachverhalts notwendig ist; sie holen erforderlichenfalls Gutachten von (Tuberkulose-) Fürsorgestellen oder Ärzten und andere zweckdienliche Auskünfte ein. Soweit der Fall der (Tuberkulose-) Fürsorgestelle noch nicht mitgeteilt ist, veranlassen sie diese Mitteilung.

(2) Vor der Auswahl der Ärzte, die regelmäßig mit der Erstattung von Gutachten betraut werden, sollen die Versicherungsanstalten die Ärzteschaft hören.

§ 21. (1) Sobald der Sachverhalt genügend geklärt ist, entscheidet die Versicherungsanstalt über den Antrag.

(2) Für die Entscheidung ist die Gesamtheit der Verhältnisse mit Rücksicht auf das ärztlich festgestellte Bedürfnis maßgebend. Dabei sollen Wünsche, die der Kranke für die Auswahl der Heilstätte oder einer sonstigen Anstalt wegen seiner persönlichen Verhältnisse oder seines religiösen Bekenntnisses äußert, beachtet werden.

(3) Die Gesundheitsfürsorge soll vorzugsweise den Tuberkulösen zustatten kommen, bei denen Aussicht besteht, die Invalidität, Be-

rufsunfähigkeit oder Gebrechlichkeit abzuwenden oder wieder zu beseitigen.

(4) Die Zahl und Art der Beiträge zur Invaliden- und Angestelltenversicherung ist nicht von entscheidender Bedeutung. Bei Versicherten mit geringer Zahl von Beiträgen und bei Angehörigen von Versicherten kann die Gewährung der Heilmaßnahmen von einem angemessenen Zuschuß des Versicherten oder einer dritten Seite, insbesondere eines Trägers der Wohlfahrtspflege, abhängig gemacht werden.

(5) Der Bescheid ist dem Antragsteller, der Krankenkasse, dem anzeigenden Arzte und der (Tuberkulose-) Fürsorgestelle mitzuteilen.

(6) Wird ein Antrag auf Bewilligung von Heilmaßnahmen abgelehnt, so kann der Antragsteller binnen einer nach den Umständen angemessenen Frist die Entscheidung des bei der Versicherungsanstalt hierfür zu bestellenden Ausschusses anrufen; dem Ausschuß müssen ehrenamtliche Mitglieder eines Versicherungsorgans angehören.

§ 22. (1) Die Versicherungsanstalt kann die Durchführung der Heilmaßnahmen ganz oder teilweise einer Krankenkasse — in der Regel der zuletzt zuständigen — übertragen.

(2) Bis zum Eingreifen der Versicherungsanstalt hat die Krankenkasse die Leistungen zu gewähren, soweit ein Anspruch darauf besteht oder mit dem Aufschub Gefahr verbunden ist.

(3) Für die gegenseitigen Erstattungsansprüche gelten die allgemeinen Vorschriften; zur Vereinfachung der Erstattung können die Versicherungsträger Vereinbarungen treffen.

§ 23. (1) Für die Durchführung der Heilmaßnahmen können sich die Versicherungsträger durch Vereinbarungen die Mitwirkung der öffentlichen und freien Wohlfahrtspflege sichern.

(2) Die Versicherungsanstalten sorgen dafür, daß Heil- und Fürsorgemaßnahmen ineinandergreifen und keine den Versicherten schädigende Unterbrechung erfahren. Sie treffen über die Durchführung der Fürsorgemaßnahmen mit den Trägern der öffentlichen und freien Wohlfahrtspflege Vereinbarungen.

(3) Soweit geeignete Einrichtungen der öffentlichen und freien Wohlfahrtspflege vorhanden sind, sollen sich die Versicherungsträger ihrer bedienen und von der Schaffung neuer eigener Einrichtungen absehen.

§ 24. Die beteiligten Versicherungsträger geben sich gegenseitig und der (Tuberkulose-) Fürsorgestelle von der Beendigung und dem Erfolge der Heilmaßnahme Kenntnis.

b) Allgemeine Maßnahmen.

§ 25. (1) Zu den allgemeinen Maßnahmen gegen Tuberkulose, für die von den Versicherungsträgern zum Nutzen der versicherten Bevölkerung Mittel aufgewendet werden dürfen, gehören insbesondere:

1. Schaffung, Förderung und Unterhaltung einer ausreichenden Zahl von gut geleiteten, zweckmäßig ausgestatteten und gelegenen
   a) (Tuberkulose-) Fürsorgestellen,
   b) Heil- und Genesungsanstalten für tuberkulös erkrankte Erwachsene und für tuberkulös erkrankte oder tuberkulös gefährdete Kinder,
   c) Anstalten zur Unterbringung schwerkranker ansteckungsfähiger Tuberkulöser,
   d) Walderholungsstätten, Tageserholungsstätten und ähnlichen Einrichtungen,
2. Aufklärung über die Tuberkulose, ihre Verhütung und Bekämpfung,
3. Förderung von Einrichtungen, die
   a) gesundheitlich Gefährdete planmäßig erfassen, durchmustern und rechtzeitig betreuen,
   b) die körperliche Widerstandsfähigkeit stärken, die gesundheitliche Lebenshaltung bessern und Leibesübungen pflegen.

(2) Dabei sollen zunächst vorhandene Einrichtungen berücksichtigt und ausgestaltet werden (§ 23 Abs. 3).

(3) Für die Träger der Invaliden- und Angestelltenversicherung kommt ferner in Betracht, die Schaffung von Wohnungen dadurch zu erleichtern, daß sie Darlehen zu bevorzugten Bedingungen gewähren.

§ 26. Die Versicherungsträger sollen die ihnen gehörenden Tuberkulose-Heilstätten und -Krankenhäuser zur Aus- und Fortbildung von Studierenden der Medizin, Ärzten und Krankenpflegern zur Verfügung stellen. Sie können sich an sonstigen Einrichtungen für eine solche Aus- und Fortbildung beteiligen.

2. Abschnitt.

Gesundheitsfürsorge für geschlechtskranke Versicherte.

a) Maßnahmen im Einzelfalle.

§ 27. Personenkreis.

(1) Versicherte im Sinne dieses Abschnittes sind die Personen, die gegen Krankheit versichert sind.

(2) Als mitversichert gelten der Ehegatte und die Kinder von Versicherten; dabei stehen den ehelichen Kindern die Angehörigen gleich, für die in der Invaliden- und Angestelltenversicherung Kinderzuschüsse bewilligt werden können.

§ 28. Leistungen.

Zu den Maßnahmen im Einzelfalle gehören:

1. ärztliche Behandlung, Versorgung mit Arznei und anderen Heilmitteln,
2. Kur und Verpflegung in einer Anstalt (Anstaltspflege),
3. die Beratung des Erkrankten unter besonderem Hinweis auf die Einrichtung und den Zweck der Beratungsstellen.

§ 29. Der § 8 gilt entsprechend.

§ 30. Anstaltspflege ist nicht nur bei besonderer Schwere der Krankheitserscheinungen, sondern auch dann angezeigt, wenn eine sachgemäße Durchführung der Heilmaßnahmen außerhalb des Krankenhauses nicht gewährleistet ist, oder wenn nur durch die Aufnahme in ein Krankenhaus eine Weiterverbreitung der Krankheit verhindert werden kann, insbesondere auch, wenn der Beruf des Erkrankten die Aufnahme in ein Krankenhaus notwendig macht.

§ 31. Der § 10 gilt entsprechend.

§ 32. Verfahren.

(1) Die Maßnahmen werden von den Krankenkassen nach den für sie geltenden Vorschriften über Art, Umfang und Dauer der Leistungen, im übrigen von den Versicherungsanstalten durchgeführt. Die beteiligten Versicherungsträger können eine abweichende Regelung vereinbaren.

(2) Die Krankenkassen sollen der Versicherungsanstalt die ihnen bekannten Fälle mitteilen, in denen für geschlechtskranke Versicherte oder Angehörige von Versicherten Maßnahmen erforderlich sind, in denen aber eine Leistungspflicht der Krankenkassen nicht oder nicht mehr besteht. Die örtliche Zuständigkeit der Träger der Invalidenversicherung richtet sich nach den zwischen ihnen getroffenen Vereinbarungen.

(3) Soweit Beratungsstellen für Geschlechtskranke vorhanden sind, sollen die Versicherungsträger mit ihnen nach näherer Vereinbarung zusammenwirken.

(4) Die §§ 19, 20, § 21 Abs. 1 bis 4 und 6 gelten entsprechend; der Bescheid ist dem Antragsteller mitzuteilen.

§ 33. Die Versicherungsanstalt kann die Durchführung der Maßnahmen in dem Umfang, den sie für geboten hält, einer Krankenkasse — in der Regel der zuletzt zuständigen — übertragen. Die

Versicherungsanstalt erstattet der Krankenkasse die entstehenden Kosten.

§ 34. (1) Wenn Geschlechtskranke glaubhaft machen, daß sie ihr Leiden der Krankenkasse nicht offenbaren können, ohne Nachteil für ihre Person befürchten zu müssen, soll auf Antrag die Versicherungsanstalt die Durchführung der erforderlichen Heilmaßnahmen veranlassen. Die entstehenden Kosten erstattet die Krankenkasse nach Maßgabe ihrer Leistungspflicht; die Mehrkosten trägt die Versicherungsanstalt.

(2) Als Nachweis für die Kassenmitgliedschaft des Geschlechtskranken genügt eine entsprechende Erklärung der Versicherungsanstalt. Der Name des Geschlechtskranken darf der Krankenkasse nicht mitgeteilt werden.

b) Allgemeine Maßnahmen.

§ 35. (1) Zu den allgemeinen Maßnahmen gegen Geschlechtskrankheiten, für die von den Versicherungsträgern zum Nutzen der versicherten Bevölkerung Mittel aufgewendet werden dürfen, gehören insbesondere:

1. Errichtung, Förderung und Unterhaltung einer ausreichenden Zahl von gut geleiteten und zweckmäßig ausgestatteten Beratungsstellen für Geschlechtskranke,
2. Aufklärung über die Geschlechtskrankheiten, ihre Verhütung und Bekämpfung.

(2) Dabei sollen zunächst vorhandene Einrichtungen berücksichtigt und ausgestaltet werden (§ 23 Abs. 3).

3. Abschnitt.

Gemeinsames.

§ 36. Aus den Richtlinien kann weder für den Versicherten und seine Angehörigen noch für Dritte ein Anspruch hergeleitet werden. Ein anderweit begründeter Anspruch, insbesondere der Anspruch auf Krankenhilfe, Familienhilfe oder sonstige Versicherungsleistungen, bleibt unberührt.

§ 37. Durch die Bestimmungen der Richtlinien wird die Verpflichtung des Reichs (Versorgung der Kriegsbeschädigten), der Fürsorgeverbände und etwaiger sonstiger Stellen zur Betreuung der tuberkulösen und geschlechtskranken Versicherten nicht berührt.

§ 38. Die Versicherungsträger sollen für die Durchführung der Gesundheitsfürsorge den Bruchteil der Einnahmen, der dem Bedürfnis in der versicherten Bevölkerung genügt und zugleich die sonstigen Verpflichtungen der Versicherungsträger berücksichtigt, in ihrem Haushalt jährlich bereitstellen. Dies wird den Versicherungsanstalten der Invalidenversicherung durch die Überweisung von Reichsmitteln aus § 7 des Gesetzes über Zolländerungen vom 17. August 1925 (Reichsgesetzbl. I S. 261) erleichtert.

§ 39. Streitigkeiten der Versicherungsträger untereinander auf Grund der Richtlinien entscheidet das Reichsversicherungsamt (Landesversicherungsamt), soweit nicht eine gesetzliche oder anderweitige Regelung — zum Beispiel durch einen Schiedsvertrag der Arbeitsgemeinschaft (§ 2) — Platz greift.

§ 40. Auf die Reichsknappschaft als Träger der Kranken-, Invaliden- oder Angestelltenversicherung, auf die See-Krankenkasse und Seekasse finden die Richtlinien Anwendung, soweit sich nicht ein anderes daraus ergibt, daß die Kranken- und Rentenversicherung von einem einheitlichen Träger durchgeführt wird.

IV. Teil.

Schlußbestimmungen.

§ 41. Sofern die Richtlinien nach Gegenstand und Zweck erfüllt sind, können die Versicherungsträger in Vereinbarungen von den Richtlinien abweichen.

§ 42. Zur Durchführung der Richtlinien kann der Reichsarbeitsminister nach Anhörung der Beteiligten Muster oder Vordrucke aufstellen, insbesondere für Anzeigen, Gutachten und Abrechnungen.

§ 43. Die Richtlinien treten in Kraft mit Wirkung vom 1. April 1929.

Berlin, den 27. Februar 1929.

Der Reichsarbeitsminister.

Anhang 9.

Verordnung zur Regelung der sozialen Versicherung der bei Reparationsarbeiten im Ausland beschäftigten Arbeitnehmer.

Vom 10. Juli 1929 (RGBl. I S. 136).

Auf Grund des Gesetzes zur Regelung der Sozialversicherung und der Erwerbslosenfürsorge der bei Reparationsarbeiten im Ausland beschäftigten Arbeitnehmer vom 24. Dezember 1926 (Reichsgesetzbl. I S. 531) in der Fassung des Gesetzes vom 22. Dezember 1927 (Reichsgesetzbl. I S. 508) wird nach Zustimmung des Reichsrats folgendes verordnet:

§ 1. Die von deutschen Arbeitgebern bei Reparationsarbeiten im Ausland beschäftigten deutschen Arbeitnehmer unterliegen den Vorschriften der deutschen sozialen Versicherung. Sie gelten insoweit als in Deutschland beschäftigt.

Die Vorschriften der Reichsversicherungsordnung, des Angestelltenversicherungsgesetzes und des Gesetzes über Arbeitsvermittlung und Arbeitslosenversicherung finden entsprechende Anwendung, soweit sich nicht aus den §§ 2 bis 6 Abweichendes ergibt.

§ 2. Der Arbeitgeber versichert seine versicherungspflichtigen Arbeitnehmer für den Fall der Krankheit bei einer Krankenkasse (§ 225 RVO.), einer Ersatzkasse (§ 503 RVO.) oder einer deutschen Versicherungsgesellschaft. Es sind mindestens die Regelleistungen des Zweiten Buches der Reichsversicherungsordnung zu gewähren. Der Vertrag zwischen dem Arbeitgeber und der Krankenkasse, Ersatzkasse oder Versicherungsgesellschaft bedarf der Zustimmung des Reichsversicherungsamts.

Eine deutsche Versicherungsgesellschaft, bei der versicherungspflichtige Arbeitnehmer gemäß Abs. 1 gegen Krankheit versichert sind, gilt insoweit als Krankenkasse im Sinne der Vorschriften des Dritten und Fünften Buches der Reichsversicherungsordnung sowie des Gesetzes über Arbeitsvermittlung und Arbeitslosenversicherung.

§ 3. Die Betriebe der deutschen Unternehmer sind bei der Tiefbau-Berufsgenossenschaft gegen Unfall versichert. Ist der Unternehmer des Betriebs Mitglied einer anderen Berufsgenossenschaft, so ist bei dieser Berufsgenossenschaft auch sein Betrieb zur Ausführung von Reparationsarbeiten versichert. Im Streitfall stellt das Reichsversicherungsamt fest, bei welcher Berufsgenossenschaft der Betrieb versichert ist.

§ 4. Zuständiger Träger der Invalidenversicherung ist die Landesversicherungsanstalt Rheinprovinz.

§ 5. Soweit die Arbeitnehmer nach dieser Verordnung der Pflicht zur Krankenversicherung oder Angestelltenversicherung unterliegen, gelten für die Beschäftigung auch die Rechtsfolgen, die das Gesetz über Arbeitsvermittlung und Arbeitslosenversicherung an eine kranken- oder angestelltenversicherungspflichtige Beschäftigung knüpft.

Werden die Arbeitnehmer bei einer Versicherungsgesellschaft gegen Krankheit versichert, so steht die Gesellschaft hinsichtlich der Vergütung, die sie für die Einziehung und Abführung der Beiträge zur Reichsanstalt für Arbeitsvermittlung und Arbeitslosenversicherung und für die Bearbeitung der Befreiungsanzeigen zu beanspruchen hat, einer Betriebskrankenkasse gleich.

§ 6. Solange der Berechtigte seinen Aufenthalt im Ausland hat, sind zur Entscheidung von Streitigkeiten örtlich zuständig das Versicherungsamt und das Oberversicherungsamt Köln.

Bei Streit über Leistungen aus der Krankenversicherung entscheidet auf Antrag ein Schiedsgericht. Das Schiedsgericht besteht aus einem Vorsitzenden und je einem Vertreter des Versicherungsträgers (§ 2 Abs. 1 Satz 1) und der Arbeitnehmer. Den Vertreter der Arbeitnehmer und seine Stellvertreter bestellt der Vorsitzende des Oberversicherungsamts Köln auf Vorschlag der am Abschluß des Gesamtarbeitsvertrags beteiligten wirtschaftlichen Vereinigungen der Arbeitnehmer. Die Vertreter des Versicherungsträgers und der Arbeitnehmer einigen sich über den Vorsitzenden. Kommt eine Einigung nicht zustande, so bestellt ihn der zuständige deutsche Konsul. Er kann sich selbst oder einen seiner Vertreter bestellen.

Die Entscheidungen des Schiedsgerichts stehen hinsichtlich der Rechtsmittel der Entscheidung eines Versicherungsamts gleich. Über Rechtsmittel entscheidet das Oberversicherungsamt Köln.

§ 7. Die Verordnung tritt, soweit sie die Versicherungspflicht bei einem Versicherungsträger der Invaliden-, Angestellten- oder Unfallversicherung begründet, mit Wirkung vom 1. Januar 1929, im übrigen mit Wirkung vom 1. Juni 1929 in Kraft.

Berlin, den 10. Juli 1929.

Der Reichsarbeitsminister.

Gedruckt bei A. W. Hayn's Erben in Potsdam

FSC
www.fsc.org
MIX
Papier | Fördert gute Waldnutzung
FSC® C083411

Kolibri 360 GmbH
Ferdinand-Jühlke-Straße 7
99095 Erfurt, Deutschland
produktsicherheit@kolibri360.de